GÜNTER DLUGOS

Kritische Analyse der ertragsgesetzlichen Kostenaussage

Veröffentlichungen des Instituts für Industrieforschung
der Freien Universität Berlin

Herausgegeben von Prof. Dr. Erich Kosiol

Band 15

Kritische Analyse der ertragsgesetzlichen Kostenaussage

Von

Dipl.-Kfm. Dr. Günter Dlugos

Wissenschaftlicher Assistent am Institut für Industrieforschung
der Freien Universität Berlin

DUNCKER & HUMBLOT / BERLIN

Gedruckt 1961 bei Hans Winter Buchdruckerei, Berlin SW 61
Printed in Germany
D 188

Meiner Frau

Geleitwort des Herausgebers

Die neueren Bemühungen um die Erforschung der Abhängigkeit der Kosten von der Ausbringungsmenge führen mit Recht zu der in der Betriebswirtschaftslehre *ursprünglich* vertretenen Auffassung zurück, daß eine generelle Aussage hierüber zumindest dann *nicht* möglich ist, wenn nach dem Kostenverlauf für die *gesamte* Unternehmung gefragt wird. Generelle Kostenkurven in Abhängigkeit von der Ausbringungsmenge lassen sich lediglich für einzelne *Kostenarten in kleinsten Kostenbereichen mit einheitlicher Leistung* (Arbeitsplätzen, Kostenstellen) aufzeigen. Sie sind nur unter vielfältigen Vorbehalten und begrenzenden Bedingungen summierbar und nehmen dann meist höchst individuelle Formen an.

Die gegenteilige Auffassung, der in der Volkswirtschaftslehre erhebliche Bedeutung zufällt und die auch noch in der Betriebswirtschaftslehre vertreten wird, stützt sich auf das ursprünglich für die landwirtschaftliche Feldproduktion aufgestellte und zu einem allgemeinen Gesetz jeglicher Produktion erweiterte *Ertragsgesetz*. Der Verfasser hat sich auf meine Anregung hin der Aufgabe unterzogen, dieses Ertragsgesetz zu analysieren und die Grenzen abzustecken, in denen eine Erweiterung der Grundaussage und der aus dieser abgeleiteten Kostenaussage als vertretbar angesehen werden kann.

Die vorliegende Untersuchung geht von der Beschreibung des Ertragsverlaufes aus, die sich bei Turgot findet, determiniert den unterschiedlich interpretierbaren Aussageinhalt, überprüft den Bestätigungsgrad dieser Aussage im realen Bereich und die Richtigkeit der weit verbreiteten Behauptung, daß das Ertragsgesetz ein logisches Gesetz sei. Der zweite Abschnitt befaßt sich mit der Ableitung der Kostenaussage, mit der Frage des Kostenumfanges der Kostenkurve und mit der Problematik variabler Kosten konstanter Einsatzgüter. Im dritten Abschnitt wird die Übertragung des Bodenertragsgesetzes auf die industrielle Produktion einer eingehenden Betrachtung unterzogen und der Nachweis erbracht, daß der hierzu allgemein eingeschlagene Weg über den Analogieschluß erkenntnistheoretisch nicht haltbar ist.

Die Schrift liefert einen für die weitere Forschung beachtenswerten Beitrag zur Problematik der Kostenabhängigkeit und zu anderen offenen Fragen der Kostentheorie und läßt den *fragwürdigen Wert des Ertragsgesetzes* im Rahmen der Wirtschaftswissenschaft deutlich werden.

Berlin, im November 1961

Erich Kosiol

Vorwort

Der wesentliche Inhalt der ertragsgesetzlichen Kostenaussage wird allgemein in der Behauptung gesehen, daß die Kosten der Ausbringung bei Konstanz mindestens eines Einsatzgutes und vermehrtem, alternativem Einsatz anderer Einsatzgüter anfangs in einem abnehmenden und von einer betimmten Ausbringungsmenge an in einem zunehmenden Verhältnis zur Veränderung der Ausbringungsmenge ansteigen. Die dieser Aussage entsprechende fragezeichenförmige Kostenkurve und die dieser Kostenkurve zugrunde liegende S-förmige Ertragskurve sind integrierende Bestandteile sowohl der Volkswirtschaftslehre als auch der Betriebswirtschaftslehre. Beide Kurven wurden in verbaler und sehr eingehend auch in mathematischer Fassung interpretiert und dienen vielfältigen Untersuchungen und Ableitungen als Ausgangsgrundlage. Weitgehende Übereinstimmung besteht darüber, daß die Kurven mit dem Bodenertragsgesetz begründet werden können und daß dieses Gesetz zumindest dann für die landwirtschaftliche Feldproduktion gilt, wenn ein einzelnes, ertragswirksames Einsatzgut auf einer konstanten Bodenfläche in zunehmendem Umfange alternativ eingesetzt wird. Unterschiedliche Auffassungen haben sich dagegen über die Interpretationsmöglichkeiten dieser Aussage und über die Erweiterungsmöglichkeiten des engen Aussagebereiches gebildet. Die hieraus resultierenden Fragen sind in der älteren und auch in der neuesten wirtschaftswissenschaftlichen Literatur heftig diskutiert worden, ohne daß bisher eine Annäherung der Standpunkte verzeichnet werden kann.

Mit der vorliegenden Arbeit soll die durch einen fragezeichenförmigen Kurvenzug gekennzeichnete ertragsgesetzliche Kostenaussage unter einer bisher wenig beachteten Fragestellung untersucht werden, die neue Perspektiven eröffnet und die Klärung wesentlicher Punkte der noch strittigen Zweifelsfragen ermöglicht. Datum dieser Untersuchung ist die Aussage, daß der S-förmige Ertragsverlauf unter den beschriebenen einfachsten Verhältnissen der Feldproduktion, für die er in gewissem Umfange auch bestätigt werden konnte, zustande kommt. Beantwortet werden soll die Frage, welche näheren Voraussetzungen mit dieser Grundfassung des Bodenertragsgesetzes verbunden sind und welche Veränderungen dieser Voraussetzungen vorgenommen werden können, ohne daß hierdurch eine Durchbrechung des behaupteten S-förmigen Ertragsverlaufes und des abgeleiteten fragezeichenförmigen Kostenverlaufes denkbar wird. Es ist insbesondere Ziel der Untersuchung, die Grenzen des Aussagebereiches zu bestimmen, der sich aus einer derartigen, als widerspruchsfrei zu bezeichnenden, durch Abwandlung der Voraussetzungen herbeigeführten Erweiterung der Grundfassung ergibt. Da das Bodenertragsgesetz, wenn es überhaupt gelten soll, zumindest in seiner Grundfassung zu bestätigen sein müßte, geht die Untersuchung von der Fassung des Bodenertragsgesetzes als Basis aus, für die unter den gegebenen Möglichkeiten der günstigste Bestätigungsgrad erwartet werden kann.

Grundlage dieser Analyse ist damit die Grundfassung des empirischen Bodenertragsgesetzes, deren Erweiterung auf solche Fassungen begrenzt bleiben soll, für die der Bestätigungsgrad nicht geringer eingeschätzt werden muß als der Bestätigungsgrad, der sich für die Grundfassung ergeben würde. Nicht beabsichtigt ist es dagegen, auf die Frage einzugehen, welche Abwandlungen der Grundfassung darüber hinaus möglich sind, ohne daß der S-förmige Ertragsverlauf undenkbar wird. Das Ergebnis dieser Untersuchung gewinnt für logisch zwingende Fassungen des durch einen S-förmigen Ertragsverlauf gekennzeichneten Ertragsgesetzes dann Bedeutung, wenn die Verifizierbarkeit und Brauchbarkeit derartiger Fassungen beurteilt werden soll.

Besonderen Dank schulde ich meinem hochverehrten Lehrer, Herrn Professor Dr. Erich Kosiol, der insbesondere mit seiner Veröffentlichung „Kritische Analyse der Wesensmerkmale des Kostenbegriffes“ eine grundlegende Voraussetzung für die Untersuchung schuf und mir auch im persönlichen Gespräch eine Fülle von Anregungen gab. Herrn Professor Dr. Erich Kosiol sei an dieser Stelle herzlichst für die wissenschaftliche Betreuung und die wohlwollende Förderung der Arbeit gedankt. Mein Dank gilt fernerhin Herrn Professor Dr. Helmut Arndt, dessen Hinweise und Einwendungen mir vor allem im Hinblick auf die Divergenz der Standpunkte sehr wertvoll waren.

Berlin, im November 1961

Günter Dlugos

Inhalt

I. Das Bodenertragsgesetz

1. Der unterschiedlich interpretierbare Inhalt der ursprünglichen Fassung des Bodenertragsgesetzes und das Begrenzungskriterium

Die Vorstellung von der natürlichen Grenze der Ertragsfähigkeit des Bodens und der mit zunehmender Bewirtschaftungsintensität verbundenen Abnahme der Ertragszuwachsraten findet sich in der älteren Literatur bereits vor Turgot. Black[1] erwähnt in seiner dogmengeschichtlichen Untersuchung in diesem Zusammenhang Antonio Serra (Breve tratatto 1613) und Sir James Stewart (Inquiry into the Principles of Political Economy 1767). Turgot wird jedoch übereinstimmend die erste eindeutige Formulierung des Bodenertragsgesetzes zugeschrieben, und Kruse[2] hebt besonders hervor, daß erstmalig Turgot den „zunehmenden Teil der Ertragskurve" — gemeint ist der Abschnitt des überlinearen[3] Kurvenverlaufes — berücksichtigt. Seine Gedanken über den Ertragsverlauf legte *Turgot* in seiner Stellungnahme zur Denkschrift des Schriftstellers Saint-Péravy nieder (1768). Er behauptet hier, daß eine gegebene, bestellte Bodenfläche, die alternativ in zunehmendem Ausmaß bearbeitet wird, bis zu einem bestimmten Punkt vermehrten Arbeits- und Mitteleinsatzes einen im Verhältnis zu den Einsatzsteigerungen stärker steigenden Ertrag, danach einen geringer steigenden Ertrag und schließlich sogar einen fallenden Ertrag erbringt[4]. Turgot geht hierbei von einer begrenzten, in ihrer Gesamtheit genutzten Bodenfläche eines landwirtschaftlichen Betriebes aus und beschreibt die Ertragsveränderungen in Abhängigkeit von einer bestimmten Gruppe variabler Größen, die in unterschiedlichem Umfang in einer Wachstumsperiode alternativ eingesetzt werden. Der Aussage liegt demzufolge eine *mikroskopische*[5] und gleichzeitig *statische*[6] Betrachtungsweise zugrunde. Die be-

---

[1] Black [Gesetz] 146—148.

[2] Kruse [Geschichte] 39.

[3] Kosiol [Kostenrechnung] 637—638.

[4] Turgot [Observations] 420—421.

[5] Kosiol unterscheidet zwischen einer makroskopischen Betrachtungsweise des Ganzen und einer mikroskopischen Betrachtungsweise der Einzelerscheinungen und bildet mit dieser Terminologie Adjektive, die im Gegensatz zu den vielfach verwendeten Begriffen makroökonomisch und mikroökonomisch den Vorzug haben, das Wesen der Betrachtungsweise, das zum Ausdruck gebracht werden soll, auch tatsächlich zum Ausdruck zu bringen. Kosiol [Werdegang] 99.

[6] Die Begriffe „Statik" und „Dynamik" werden mit der Sinngebung gebraucht, die Schneider aus der für diesen Problemkomplex grundlegenden

schriebene Ertragsentwicklung führt in graphischer Darstellung zu der bekannten S-förmig steigenden Ertragskurve.

Dieser ursprüngliche Inhalt des Bodenertragsgesetzes und des Ertragsgesetzes schlechthin hat im Laufe der Zeit alle nur denkbaren Abwandlungen erfahren. Das Gesetz wurde nicht nur mikroskopisch-statisch, sondern auch makroskopisch-statisch und als Entwicklungsgesetz bzw. Entwicklungstendenz auch mikroskopisch-dynamisch und makroskopisch-dynamisch formuliert oder ausgelegt. Darüber hinaus wurde Turgots Aussage sowohl als technisches Gesetz angesehen, das reine Mengenbeziehungen zur Grundlage hat, als auch als wirtschaftliches Gesetz, das Wertbeziehungen einschließt. In der klassischen Nationalökonomie blieb als weitere Variante des Ertragsgesetzes der von Turgot erwähnte Teil relativer Ertragszunahme für die landwirtschaftliche Produktion allgemein unbeachtet und der industriellen Produktion als einer dort typischen Ertragsentwicklung vorbehalten. Damit wurden für lange Zeit aus der in mikroskopisch-statischer Sicht aufgestellten Behauptung eines erst zunehmenden und dann abnehmenden Bodenertragszuwachses ein „Gesetz des abnehmenden Bodenertrages“ vielfältiger Betrachtungsweise und ein vorwiegend dynamisch aufgefaßtes „Gesetz des zunehmenden industriellen Ertrages“. Als weitere Abart der Aufspaltung des Ertragsgesetzes ist das „Gesetz des gleichbleibenden Ertrages im Handwerk“ zu erwähnen, das jedoch von geringerer Bedeutung blieb. Nach Heimann[7] war es Marshall, der Turgots „Einheitsgesetz der Erträge“ nach ein Jahrhundert währender Diskussion wieder herstellte, indem er die zunehmenden und abnehmenden Ertragszuwachsraten[8] als lediglich zwei Phasen derselben Entwicklung ansah. Hiermit verband sich dann die Erweiterung der Turgotschen Ertragsaussage für die landwirtschaftliche Produktion zu einem allgemeinen, mikroskopisch-statischen Ertragsgesetz jeglicher Produktion, dem in der Betriebswirtschaftslehre und in der Mikroökonomie der modernen Volkswirtschaftslehre, insbesondere im Hinblick auf die industrielle Produktion, erhebliche Bedeutung beigemessen wird. Dieses allgemeine Ertragsgesetz, das aus dem empirischen Bodenertragsgesetz hergeleitet wurde, ist dann unter der Annahme, daß die Einsatzbedingungen den Ertragsverlauf logisch zwingend begründen, auch als exaktes Gesetz bezeichnet worden.

Arbeit von Ragnar Frisch übernommen hat. Schneider [Wirtschaftstheorie] 233—240.

7 Heimann [Geschichte] 217.

8 An der bezeichneten Stelle wird von „zunehmenden und abnehmenden Erträgen“ gesprochen. Es können aber nur die Ertragszuwachsraten gemeint sein, da Marshall in diesem Zusammenhange von den Erträgen der Grenzdosen spricht („the return to the dose on the margin of cultivation“ — Marshall [Economics] 155.).

Für die vorliegende Untersuchung, die sich mit der Kostenaussage des mikroskopisch-statischen Ertragsgesetzes auseinanderzusetzen hat, ergibt sich aus den aufgezeigten Zusammenhängen die Notwendigkeit, von einer Analyse der bei Turgot vorgefundenen Beschreibung der Ertragsbeziehungen auszugehen, um Klarheit über die Grundlage der Konzeption zu gewinnen. Die hierfür wesentliche Stelle seiner bereits zitierten Schrift, die als Formulierung des *mikroskopisch-statischen* Bodenertragsgesetzes aufgefaßt wird, hat folgenden Wortlaut[9]:

„La semence jetée sur une terre naturellement fertile, mais sans aucune préparation, serait une avance presque entièrement perdue. Si on y joint un seul labour, le produit sera plus fort; un second, un troisième labour pourront non pas simplement doubler et tripler, mais quadrupler et décupler le produit, qui augmentera ainsi dans une proportion beaucoup plus grande que les avances n'accroissent, et cela jusqu'à un certain point où le produit sera le plus grand qu'il soit possible, comparé aux avances.

Passé ce point, si on augmente encore ces avances, les produits augmenteront encore, mais moins, et toujours de moins en moins jusqu'à ce que, la fécondité de la terre étant épuisée et l'art n'y pouvant plus rien ajouter, un surcroît d'avance n'ajouterait absolument rien au produit[10]."

Erste Bedingung des Bodenertragsgesetzes ursprünglicher Fassung ist hiernach eine *bestellte Bodenfläche,* die in ihrer Gesamtheit mit Arbeitseinsätzen unterschiedlichen Ausmaßes kombiniert werden muß. Es ist eindeutig aus der Beschreibung ersichtlich, daß Turgot nicht nur den Boden, sondern darüber hinaus auch die Saat und damit auch die Bestellarbeit als konstant ansieht und demzufolge von einer konstanten Güter*gruppe* ausgeht[11]. Über die Art der Konstanz dieser Einsatzgüter,

---

[9] Turgot [Observations] 421.

[10] Deutsche Fassung von Weddigen [Turgot] 124: „Die Saat, die auf einen von Natur fruchtbaren aber unbearbeiteten Boden fällt, wäre eine fast völlig verlorene Ausgabe. Verbindet man damit eine einzige Bearbeitung, so ist der Ertrag schon stärker; eine zweite und dritte Bearbeitung könnten vielleicht den Ertrag nicht nur verdoppeln oder verdreifachen, sondern vervier- oder verzehnfachen, und der Ertrag würde auf diese Weise in einem sehr viel rascher ansteigenden Verhältnis wachsen, als die Ausgaben anwachsen, und das bis zu einem gewissen Punkt, wo der Ertrag im Vergleich zum Aufwand der größtmögliche sein wird.

Wird dieser Punkt überschritten, so wird bei weiterer Vergrößerung des Aufwandes der Ertrag noch ansteigen, aber weniger, und wird nach und nach immer weniger und weniger, bis daß, da die Fruchtbarkeit der Erde erschöpft ist, und auch künstliche Maßnahmen nichts mehr hinzufügen können, ein Anwachsen des Aufwandes dem Erzeugnis absolut nichts mehr hinzufügen würde."

[11] Autoren, die das Ertragsgesetz auch auf die Veränderung der Saatgutmenge beziehen, können sich hierbei nicht auf das Turgotsche Ertragsgesetz und die von pflanzenphysiologischer Seite durchgeführten Verifikationsver-

die in der neueren betriebswirtschaftlichen Literatur Gegenstand heftiger Diskussionen geworden ist, findet sich dagegen keine Aussage.

Die zweite Bedingung besteht darin, daß das Ausmaß des *Arbeitseinsatzes* variiert wird. Turgot nennt in diesem Zusammenhang Bearbeitungsvorgänge, die notwendigerweise das Einsatzgut Arbeit und die dazugehörigen Mittel umschließen, so daß auch der variable Einsatz nicht nur aus einem einzigen Einsatzgut, sondern aus einer *Gruppe* von Einsatzgütern besteht. Bei der Vermehrung dieser Einsatzgütergruppe ergibt sich die Frage, ob die Variation rein mengenmäßig, also unter Aufrechterhaltung der einmal festgelegten Mengenrelation zwischen den variablen Einsatzgütern durchgeführt werden muß, oder ob eine lediglich wertmäßig gebundene Vervielfachung zulässig sein soll, mit der sich dann relationsmäßige und u. U. auch artmäßige Veränderungen von Einsatzquantum zu Einsatzquantum verbinden können. So finden sich in der wiedergegebenen Übersetzung bei Weddigen neben der rein mengenmäßigen Formulierung „... eine einzige ..., eine zweite und dritte Bearbeitung ...“ auch die wertmäßig zu deutenden Bezeichnungen „Ausgaben“ und „Aufwand“. Diese Diskrepanz ließe sich zugunsten der Auffassung, daß das Ertragsgesetz auch bei Turgot auf reinen Mengenveränderungen beruht, unter Hinweis auf den Originaltext aufheben. Dort wird sowohl für „Ausgaben“ als auch für „Aufwand“ das Wort „avances“ verwendet, das ganz allgemein „Vorlage“ bedeutet, also nicht unbedingt mit einer Vokabel übersetzt werden muß, an die sich Wertvorstellungen binden. Wenn unter diesem Gesichtspunkt auch angenommen werden kann, daß Turgot wahrscheinlich von einer rein mengenmäßigen Betrachtung des Phänomens ausgegangen ist, so darf doch nicht übersehen werden, daß die überlieferte Beschreibung die gegenteilige Auslegung nicht unbedingt ausschließen muß[12].

Der Vergleich der Produktionsergebnisse, die sich aus der Kombination der konstanten Einsatzgütergruppe mit der in unterschiedlichem Umfang eingesetzten variablen Einsatzgütergruppe ergeben, bezieht sich auf Ergebnisse einer Wachstumsperiode. Die Betrachtung ist damit auf *alternative Kombinationen* und ihre Ergebnisse gerichtet und ist inbe-

---

suche des Ertragsgesetzes berufen. Vgl. beispielsweise Gälweiler [Produktionskosten] 149.

[12] Der Leser, der die von Weddigen vorgenommene Übersetzung nachliest, findet auf derselben Seite (S. 124) folgenden Satz: „Wenn 2000 frcs. 5000 Livres erbringen, so bringen 1000 frcs. vielleicht nicht 1500, und 500 frcs. nicht 600.“ Es darf darauf aufmerksam gemacht werden, daß diese Übersetzung, die auf eine rein wertmäßige Betrachtung hindeutet, nicht unbedingt zutreffend sein muß. Im Original wird ausschließlich von „livres“, nicht aber von „frcs.“ gesprochen: „Si 2000 livres rapportent 5000, 1000 n'en rapporteront peut-être pas 1500, et 500 ne rapporteront pas 600“ (Turgot [Observations] 421.). Zur Zeit Turgots trug sowohl die Gewichts- als auch die Münzeinheit die Bezeichnung „livre“.

zug auf die Wachstumsperiode zeitraumneutral und insoweit statisch. Aus der Beschreibung der Einsatzvermehrung bei Turgot geht dagegen nicht eindeutig hervor, ob die alternativen Einsätze innerhalb der Wachstumsperiode zeitlich wirkungsindifferent zugeführt werden sollen, oder ob hierbei an Einsätze zu unterschiedlichen Zeitpunkten gedacht worden ist.

Für die Beschreibung der *Ertragsentwicklung* gilt in der gleichen Weise wie für die Beschreibung der Einsatzgütervermehrung, daß Turgot wahrscheinlich von reinen Mengenüberlegungen ausgegangen ist und demzufolge auch hier die Mengenentwicklung zum Gegenstand seiner Aussage gemacht hat. Es ist aber auch in diesem Falle wiederum nicht möglich, die beispielsweise von Marshall in der 5. Auflage seines Werkes „Principles of Economics"[13] noch ausdrücklich vertretene Ansicht zu widerlegen, daß Turgot wie ein praktischer Landwirt die Dinge nach ihrem Geldwert mißt und in den Einheiten einfach die Ausgabe und die Einnahme einer gleichwertigen Summe Geldes sieht („Turgot, like practical agriculturists, ... assumes things to be measured by their money prices, and implicitly regards a dose of capital and labor as the outlay of the equivalent of a certain sum of money ...").

Dem als Ertrag bezeichneten Tatbestand kann somit möglicherweise eine Mengengröße, aber auch eine Wertgröße zugrunde liegen. Da die betriebswirtschaftliche Terminologie den Ertragsbegriff für Wertgrößen verwendet und gleichzeitig auf eine Wirtschaftseinheit bezieht, für die vorliegende Untersuchung aber ein in dieser Hinsicht neutraler, lediglich die positive Komponente des Produktionsprozesses kennzeichnender Begriff gebraucht wird, soll Ertrag in Anlehnung an Kosiol[14] durch den Begriff Ausbringung ersetzt werden. *Ausbringung* kann sowohl die Menge, als auch der Wert der Ausbringungsgüter sein, die aus einem Produktionsprozeß hervorgehen. Mit den von Kosiol verwendeten Begriffen wird die Ausbringungsmenge, bezogen auf die Wirtschaftseinheit, als Güterentstehung und der Ausbringungswert pagatorisch als Ertrag und kalkulatorisch als Leistung bezeichnet. Als Gegenbegriff für die Ausbringung soll nach Kosiol der bereits verwendete Begriff Einsatz dienen. *Einsatz* kann sowohl die Menge, als auch der Wert der Einsatzgüter sein, die in einen Produktionsprozeß eingehen. Bezogen auf die Wirtschaftseinheit wird die Einsatzmenge nach Kosiol als Güterverbrauch und der Einsatzwert pagatorisch als Aufwand und kalkulatorisch als Kosten bezeichnet. Für Potentialgüter ist Einsatz der effektiv für die Ausbringung wirksam werdende Potentialanteil, nicht dagegen das gesamte, für die Produktionsprozesse bereitgestellte Potential. Unter

---

[13] Marshall [Economics] 171.

[14] Kosiol [Bilanzreform] 175, in Verbindung mit Kosiol [Kostenbegriff] insbesondere 11—17, 23 und Kosiol [Leistungen] 9 und 10.

Bereitstellung wird mit Grochla[15] ein dem Einsatz vorgelagerter, noch nicht ausbringungswirksamer Akt verstanden, der vom Einsatz und dem diesen zugeordneten Begriffen Verbrauch, Aufwand und Kosten scharf zu trennen ist. Einsatz und Ausbringung sind für die weitere Untersuchung die zentralen Begriffe.

Die graphische Darstellung des von Turgot beschriebenen Ausbringungsverlaufes ergibt eine S-förmig steigende Kurve, wenn auf der Abszisse die variablen Einsätze und auf der Ordinate die dazugehörigen Ausbringungen abgetragen werden. Die Kurve beginnt nicht im Ursprung, sondern in einem Punkt auf dem positiven Ordinatenabschnitt in der Nähe des Ursprunges[16], da Turgot, wie aus seinen Ausführungen hervorgeht, auch für den unbearbeiteten Boden eine gewisse Ausbringung unterstellt. Nach Erreichung des Punktes höchster Ausbringung kann die Ausbringung bei einer weiteren Vermehrung der variablen Einsatzgütergruppe u. U. fallen, so daß sich dann an den ansteigenden Ast der Kurve ein abfallender Kurventeil anschließt[17].

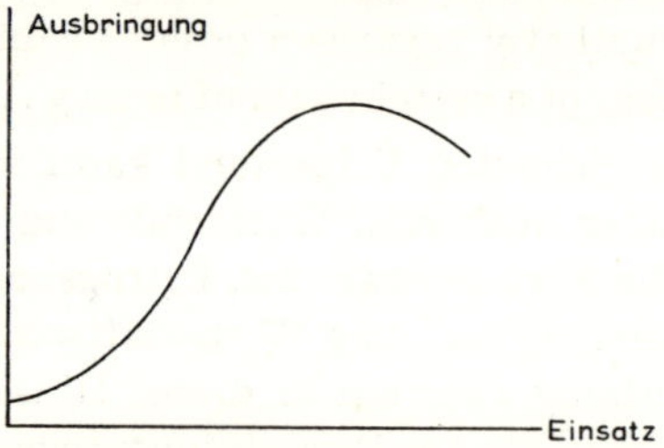

Abbildung 1

Wie die Überprüfung der Ausführungen Turgots zeigt, enthält die Aussage über die Beziehungen zwischen den Einsatz- und Ausbringungsveränderungen zwar eine eindeutige Beschreibung des Ausbringungsverlaufes, nicht aber die näheren Einzelheiten der Behauptung und der Bedingungen, unter denen dieser Verlauf zu erwarten ist. Die weitere Untersuchung knüpft nun an die Behauptung eines S-förmigen Ausbringungsverlaufes und damit an den hinreichend beschriebenen Teil der ursprünglichen bodenertragsgesetzlichen Aussage an und soll auf die Frage eingehen, ob die aufgezeigten, vielfältigen Interpretationsmöglichkeiten der Einsatzbedingungen und des sonstigen Inhaltes der Behauptung hiermit zu vereinbaren sind.

---

15 Grochla [Materialwirtschaft] 14 und 20.

16 So auch Schmidt-Kraepelin [Produktionsmodell] 5.

17 Auf diese Möglichkeit geht Turgot ein, bevor er die Entwicklung des Ertragszuwachses beschreibt: „La terre a certainement une fécondité bornée, et en la supposant labourée, ..., autant qu'elle peut l'être, il est évident que toute dépense ultérieure serait inutile, et que telle augmentation pourrait même devenir nuisible." Turgot [Observations] 420.

Grundlage dieser Untersuchung ist die Annahme, daß der S-förmige Ausbringungsverlauf für die einfachste Fassung des Bodenertragsgesetzes, die Grundfassung, auf die sich die ursprüngliche Beschreibung des Beziehungszusammenhanges zurückführen läßt, nachgewiesen werden kann. Wesentliches Kriterium dieser *Grundfassung* ist die Variation nur eines einzigen ausbringungswirksamen Einsatzgutes auf einer konstanten, mit Saatgut bestellten Bodenfläche. Da das Bodenertragsgesetz, wenn es überhaupt gelten soll, zumindest in dieser, seiner einfachsten Fassung gelten müßte, gehen die weiteren Überlegungen von der Fassung des Bodenertragsgesetzes aus, für die unter den gegebenen Möglichkeiten der größte Bestätigungsgrad erwartet werden darf. Für diese Grundfassung wird sich darüber hinaus zeigen lassen, daß sie das Bindeglied zu den pflanzenphysiologischen Ertragsforschungen darstellt, deren Versuchsanordnungen dieser einfachsten Fassung des Bodenertragsgesetzes weitgehend entsprechen und deren Ergebnisse damit einen Anhaltspunkt geben können, mit welchem Bestätigungsgrad für die Grundfassung zu rechnen sein wird.

Als vereinbar mit der Behauptung eines S-förmigen Ausbringungsverlaufes werden im Rahmen dieser Untersuchung neben der Grundfassung des Bodenertragsgesetzes nur solche Fassungen des Ertragsgesetzes angesehen, *deren Bestätigungsgrad nicht geringer eingeschätzt werden muß als der Bestätigungsgrad, der sich für die Grundfassung ergeben würde.* Der unter diesem Gesichtspunkt vertretbare Inhalt der Einsatzbedingungen und der Behauptung läßt sich aus den vielfältigen Interpretationsmöglichkeiten in der Weise herausarbeiten, daß einerseits sämtliche Einengungen der Grundfassung, die mit den realen Voraussetzungen nicht als vereinbar angesehen werden können, und andererseits sämtliche Erweiterungen der Grundfassung, mit denen zusätzliche Durchbrechungen des S-förmigen Ausbringungsverlaufes denkbar werden, ausgeschlossen bleiben. Damit wird auf solche Erweiterungen der Grundfassung des Bodenertragsgesetzes eingeengt, die selbst keinen Widerspruch zu der Behauptung eines S-förmigen Ausbringungsverlaufes begründen.

Mit der Bestimmung dieser, gegenüber der ursprünglichen Formulierung *engeren Fassung* des Bodenertragsgesetzes soll gleichzeitig eine brauchbare Grundlage für die Beurteilung der allgemein durchgeführten Ableitung der Kostenaussage und der Übertragung des Bodenertragsgesetzes auf die industrielle Produktion gewonnen werden. Die weite und wohl wenig sinnvolle Fassung der Ertragsaussage, die sämtliche Abwandlungen der Grundfassung zuläßt, für die ein S-förmiger Ausbringungsverlauf möglicherweise denkbar bleibt, ist nicht Gegenstand dieser Untersuchung.

2. Die Determination der Einsatzbedingungen

a) Der mittelbar variierte Einsatz des konstant bereitgestellten Bodens

Die Frage, von welcher Art die Konstanz der konstanten Produktionsmittel sein müsse, wenn vom Ertragsgesetz gesprochen werden soll, ist von *Gutenberg* in den Mittelpunkt der neueren Diskussion um das Ertragsgesetz gestellt worden. Gutenberg[18] vertritt die Ansicht, daß diese Güter nicht nur unverändert für die alternativen Kombinationen bereitzustellen seien, sondern darüber hinaus auch in sämtlichen Kombinationen einem konstanten Verbrauch, also einem konstanten Einsatz, und auch einer konstanten Leistungsabgabe unterliegen müßten. Diese These von der Bedingung einer *dreifachen Konstanz* der konstanten Einsatzgüter kann nur dann richtig sein, wenn sie sich mit den realen Gegebenheiten der Feldproduktion vereinbaren läßt, auf die das Ertragsgesetz in seiner ursprünglichen Fassung und damit in seiner Grundkonzeption bezogen ist.

Jede Erfahrung zeigt, daß eine unterschiedliche Durchlüftung, Düngung oder Bewässerung des Bodens, die unterschiedliche Felderträge hervorruft, eine unterschiedliche Entfaltung der Wurzeln und der Blätter zur Folge hat, mit der sich eine unterschiedliche Entnahme von Bodenelementen verbindet. Eine unterschiedliche Aufbereitung des Bodens wird also eine unterschiedliche Abgabe aus dem Potential an Wirkstoffen, also eine unterschiedliche Leistungsabgabe und damit auch einen unterschiedlichen Potentialverbrauch nach sich ziehen, der bis zum Raubbau am Boden führen kann. Dieser Tatbestand ist im Zusammenhang mit der Darstellung und Interpretation des Bodenertragsgesetzes sowohl in wirtschaftswissenschaftlicher als auch in pflanzenphysiologischer Sicht berücksichtigt und auch ausdrücklich hervorgehoben worden. So führt *Mannstaedt*[19] bei dem Versuch, die Ertragsentwicklung bis zum Punkt absoluter Ertragsabnahme zu erklären, aus: „Wurzelwerk und Blätter entfalten sich stärker. Dadurch kann die Pflanze nicht nur aus dem Boden mehr Nährstoffe und Feuchtigkeit aufnehmen, sondern gleichzeitig auch aus der Luft ...“ Bei *Schumpeter*[20] findet sich die Aussage: „Bei der ersten Dose von Kapital und Arbeit, die auf den Boden verwendet wird, sind seine chemischen Bestandteile unverbraucht, und der Ertrag ist proportionell größer, als wenn man die doppelte Dose anwendet, in welchem Falle dann die zweite sozusagen nur das vorfindet, was die erste an Bodenkräften unverbraucht gelassen hat.“ *Weddigen,*

---

[18] Gutenberg [Betriebswirtschaftslehre] 217 (so auch in der 1. Aufl. 1951, S. 237).

[19] Mannstaedt [Gesetz] 409—410.

[20] Schumpeter [Rentenprinzip] 604 (Sperrung weggelassen).

der sich sehr eingehend mit den von verschiedener Seite durchgeführten experimentellen Untersuchungen des Ertragsgesetzes auseinandergesetzt hat, hebt als wesentliche Folge des vermehrten Einsatzes der variablen Güter den Mehrverbrauch aus dem Boden hervor[21]. *De Vries*[22] bemerkt von pflanzenphysiologischer Seite zur Erklärung des Ertragsgesetzes u. a.: „... bessere Bodenverhältnisse (...) verursachen ein ausgedehnteres und kräftigeres Wurzelsystem, wodurch der Bodenvorrat eines größeren Areals ausgenutzt wird und die zugängliche Nährstoffreserve im Boden von der Pflanze besser ausgenutzt wird."

Eine Übereinstimmung zwischen der fraglichen Prämisse des Ertragsgesetzes und den realen Verhältnissen der Feldproduktion, für die dieses Gesetz ursprünglich aufgestellt worden ist, besteht demzufolge nur dann, wenn die Konstanz des Bodens lediglich auf das für die alternativen Produktionsprozesse bereitgestellte Leistungspotential und damit auf die *Bereitstellungskonstanz* bezogen wird. Wenn nun im Gegensatz zu der mit der Realität übereinstimmenden Interpretation behauptet wird, daß auch die Verbrauchskonstanz und die Leistungsabgabekonstanz Bedingung des Ertragsgesetzes seien und daß nur unter dieser Voraussetzung vom Ertragsgesetz gesprochen werden könne, dann muß die Notwendigkeit eines derartigen Abgehens von der Realität stichhaltig begründet werden. Wird von der hier nicht durchführbaren experimentellen Überprüfung der realen Verhältnisse abgesehen, so besteht die Möglichkeit, sich um den deduktiven Nachweis zu bemühen, daß der S-förmige Ausbringungsverlauf nur bei einer derartigen Dreifachkonstanz denkbar ist, ein Mehrverbrauch aus dem Boden sich also mit der Aussage des Bodenertragsgesetzes nicht vereinbaren läßt. Würde dieser Nachweis gelingen, so könnte die Feldproduktion nicht zum Geltungsbereich des Ertragsgesetzes gerechnet werden und es wäre *Möhrle* zuzustimmen, der unter Hinweis auf den mit der Ausbringungsvermehrung notwendigerweise verbundenen Mehrverbrauch aus dem Boden feststellt: „Die Gültigkeit des Ertragsgesetzes dürfte daher auch für die Landwirtschaft entfallen[23]."

Gutenberg[24] hat auf dieser Ebene den Nachweis zu führen versucht, daß die dreifache Konstanz schon deshalb vorausgesetzt werden müsse, weil im Rahmen der Betrachtung des Ertragsgesetzes für die einzelnen produktiven Faktoren die Grenzausbringungen[25] und mithilfe dieser partiellen Grenzausbringungen die Minimalkostenkombinationen errechnet würden, diese partiellen Grenzausbringungen aber nur ermittelt werden könnten, wenn das konstante Einsatzgut auch verbrauchs-

---

21 Weddigen [Ertrag] insbesondere 186—202.
22 de Vries [Ertragskurven] 8—9.
23 Möhrle [Buchbesprechung] 315.
24 Gutenberg [Betriebswirtschaftslehre] insbesondere 217.
25 Vgl. zur Terminologie die Fußnote 74 auf Seite 81.

mäßig konstant bliebe. Diese Kritik am logischen Aufbau des Ertragsgesetzes trifft jedoch nicht den Zusammenhang zwischen Bedingungskomplex und Aussage, der hier zur Debatte steht, sondern lediglich den Zusammenhang zwischen verbaler und mathematischer Fassung des Ertragsgesetzes[26]. Da auf diesem Wege aber nicht die Unlogik der gegensätzlichen Auffassung von der Konstanz des konstanten Produktionsmittels nachgewiesen werden kann und auch von anderer Seite nicht nachgewiesen worden ist, besteht keinerlei Veranlassung, gerade die von den realen Gegebenheiten gestützte Auffassung von der Bereitstellungskonstanz als falsch anzusehen. Darüber hinaus ist es durchaus denkbar, daß zumindest der zunehmende Ausbringungszuwachs nicht zustande kommen würde, wenn die Möglichkeit bestände, auch den Verbrauch aus dem Boden, und damit den Einsatz des Bodenpotentiales konstant zu halten. Es darf also behauptet werden, daß die ertragsgesetzliche Bedingung des konstanten Bodens auf die Konstanz der Bereitstellung des Bodens bezogen werden muß und auch nur in dieser Form mit der aus der ursprünglichen Fassung abgeleiteten Grundfassung des Bodenertragsgesetzes zu vereinbaren ist[27].

Im Zusammenhang mit der Problematik des konstanten Bodens wird im Gegensatz zu der hier vertretenen Auffassung von der Bereitstellungskonstanz verschiedentlich die Behauptung aufgestellt, daß es nicht erforderlich sei, jeweils die gesamte Bodenfläche in die alternativen Kombinationen einzubeziehen, sondern daß es sinnvoller und durchaus mit dem Bodenertragsgesetz verträglich sein dürfte, von einer in entsprechendem Umfang brachliegenden Bodenfläche auszugehen. Aus der zitierten Beschreibung des Ertragsgesetzes bei Turgot ist dagegen zu entnehmen, daß die in die Kombinationen eingehende Bodenfläche konstant sein muß, daß also eine anfangs nur teilweise Bearbeitung der Bodenfläche, etwa je nach dem Ausmaß des Einsatzes an variablen Einsatzgütern, nicht den Bedingungen des Bodenertragsgesetzes entspricht. Das wird besonders dadurch deutlich, daß bei Turgot neben dem Boden auch die Saat konstant ist, die bei alternativer Bebauung eines kleinen Teilstückes und schließlich der ganzen Bodenfläche nicht konstant gehalten werden kann. Bei der Ableitung der Angebotskurve will beispielsweise *Sraffa*[28] die Bedingung der Bereitstellungskonstanz aufgeben und dafür die der Wirklichkeit nähere Annahme eines teilbaren Bodens setzen. Es mag zur Erklärung bestimmter Phänomene durchaus angängig sein, das Bodenertragsgesetz in dem einen oder anderen Punkt abzuwandeln und in veränderter Form als Ausgangsgrundlage zu verwenden. Im vorliegenden Falle entsteht dann aber ein völlig anderes

---

[26] Auf die Problematik wird in den Abschnitten II 4 b) und c) näher eingegangen.
[27] Vgl. hierzu auch Gälweiler [Produktionskosten] 150.
[28] Sraffa [Relazioni] 282.

Ertragsgesetz, das mit der ursprünglichen Fassung nur noch den Namen gemeinsam hat. Im Gegensatz zu dieser notwendigen Konsequenz, die Sraffa durchaus sieht, zieht *Morgenstern*[29] aus Sraffas Vorschlag den völlig unvertretbaren Schluß, daß das Ertragsgesetz einer Revision bedürfe.

Die Bedingung der Bereitstellungskonstanz gilt grundsätzlich auch für die eingebrachte *Saat,* die je nach den veränderten Lebensbedingungen, die den pflanzlichen Organismen in den alternativen Produktionsprozessen geboten werden, einer unterschiedlichen Potentialausnutzung zugänglich ist. Im Gegensatz zum Boden, der mit stärkerer Ausnutzung an Potential verliert, sind jedoch die unterschiedlichen Abgaben aus dem Saat- bzw. Pflanzenpotential letztlich nicht relevant, denn die Saat ist am Ende der Wachstumsperiode in jedem Falle voll absorbiert. Die Bedingung der Bereitstellungskonstanz hat demzufolge für das Pflanzenpotential und damit auch für die Saat gleichzeitig die Bedeutung der *Einsatzkonstanz.* Die unterschiedlichen Potentialabgaben werden in anderem Zusammenhang beachtlich sein. Einsatzkonstant ist auch die *Bestellarbeit,* mit der eine konstante Saatmenge nach entsprechenden Vorbereitungen auf eine konstante Bodenfläche zu verteilen ist. Aus dem Arbeitspotential, das der Wirtschaftseinheit zur Verfügung steht, wird eine bestimmte Leistungsabgabe verbraucht, die für die alternativen Produktionsprozesse konstant ist und damit konstanten Gütereinsatz darstellt.

Die konstante Gütergruppe des Bodenertragsgesetzes besteht demzufolge zumindest aus dem *konstant bereitgestellten, einsatzvariablen* Boden, aus der letztlich *einsatzkonstanten* Saat und aus der *einsatzkonstanten* Bestellarbeit. Da es sich ausnahmslos um Güter handelt, die in den Produktionsprozessen zum Einsatz kommen, und da ihr gemeinsames Merkmal in einer gewissen, wenn auch artverschiedenen, Konstanz zu sehen ist, soll die Gütergruppe in Anlehnung an die übliche Terminologie vereinfacht als *konstante Einsatzgütergruppe* bezeichnet werden. Hierbei sind die Güter Boden und Saat als Einsatzgüter im Hinblick auf das Boden- bzw. Pflanzen*potential,* das sie verkörpern, aufzufassen. Der konstanten Einsatzgütergruppe wird allgemein der veränderte Arbeits- und Mitteleinsatz, der die Veränderung der Ausbringung auslöst, als variable Einsatzgütergruppe gegenübergestellt, die ausschließlich *einsatzvariable* Güter umfaßt.

Soweit es erforderlich wird, diese beiden Einsatzgütergruppen unter dem Gesichtspunkt des *Einsatzes* zu unterscheiden, ist es nicht möglich, die konstante Einsatzgütergruppe als Gruppe konstanten Einsatzes und die variable Einsatzgütergruppe als Gruppe variablen Einsatzes zu bezeichnen, denn variabler Einsatz ist nicht ausschließlich an die variablen

---

[29] Morgenstern [Probleme] 499.

Einsatzgüter gebunden, sondern tritt auch in Verbindung mit der konstanten Einsatzgütergruppe auf. Aus diesem Grunde kann auch die Bezeichnung variable Einsatzgütergruppe mißverständlich sein, insbesondere dann, wenn sie nicht ausdrücklich der konstanten Einsatzgütergruppe gegenübergestellt wird. Als Unterscheidungsmerkmal läßt sich hier die Mittelbarkeit bzw. die Unmittelbarkeit der Einsatzvariation verwenden. Während die variablen Einsatzgüter einer *unmittelbaren* Variation unterliegen, ist die Variation des konstant bereitgestellten Einsatzgutes nur eine *mittelbare*, eine vom unmittelbar variierten Einsatz *induzierte* Variation. Die konstante Einsatzgütergruppe unterliegt somit mittelbar variiertem und konstantem, die variable Einsatzgütergruppe ausschließlich unmittelbar variiertem Einsatz. Sie soll deshalb in klarem Gegensatz zur Variabilität des Bodens auch als *unmittelbar variierte Einsatzgütergruppe* bezeichnet werden.

Die in diesem Abschnitt aus der ursprünglichen Beschreibung des Bodenertragsgesetzes für die konstante Einsatzgütergruppe unter Beachtung der realen Voraussetzungen allgemein abgeleiteten Einsatzbedingungen müssen in unveränderter Form auch für die einfachste Fassung des Bodenertragsgesetzes, die Grundfassung, aufgestellt werden. Die Grundfassung des Bodenertragsgesetzes behauptet damit den S-förmigen Ausbringungsverlauf für einen vermehrten Einsatz eines einzigen ausbringungswirksamen Einsatzgutes auf einem mit Saatgut bestellten, *konstant bereitgestellten* Boden. Die Einführung der Bedingung von der Dreifachkonstanz der konstanten Einsatzgüter würde eine mit den realen Gegebenheiten nicht zu vereinbarende Einengung der ursprünglichen Fassung und damit auch der Grundfassung des Bodenertragsgesetzes bedeuten. Sie kann demzufolge auch nicht Bedingung der engeren Fassung des Bodenertragsgesetzes sein.

b) Die mengenmäßige Variation des unmittelbar variierten Einsatzes

Das Bodenertragsgesetz geht in seiner ursprünglichen Fassung von einer vermehrten Bearbeitung des konstanten bestellten Bodens aus, die zu anfangs zunehmenden und dann abnehmenden Ausbringungszuwachsraten führen soll. Voraussetzung der Ausbringungsveränderung ist, daß sich der bestellte Boden mit *unterschiedlichen* Größen des unmittelbar variierten Einsatzes ausbringungswirksam verbinden läßt. Umgekehrt gilt für die unmittelbar variierte Gruppe, daß sie aus Einsatzgütern bestehen muß, die bei unterschiedlichem Einsatzumfang in Verbindung mit der konstanten Einsatzgütergruppe eine Wirkung auf die Ausbringung auszuüben vermögen. Da der unmittelbar variierte Einsatz als *unabhängige* Variable der Betrachtung aufgefaßt wird, deren Veränderung die Ausbringungsveränderung auslöst, können in dieser Einsatzgütergruppe ausbringungsabhängige Einsatzarten, zu denen insbesondere die Erntearbeit zu rechnen wäre, nicht enthalten sein.

Die Variation des unmittelbar variierten Einsatzes kann der Formulierung bei Turgot zufolge sowohl mengenmäßig als auch wertmäßig gedacht werden. Die allgemein vertretene Auffassung hierzu ist, daß das Ertragsgesetz eine rein mengenmäßige Variation dieses Einsatzes erfordert, der bei den vorausgesetzten konstanten Güterpreisen auch wertmäßig beziffert werden darf, wobei der Wert dann lediglich als koordinierender Ersatzmaßstab fungiert. Als Beispiel für die gegenteilige Ansicht wurde Marshall[30] zitiert. Es ist nun zu untersuchen, von welcher Art einerseits die mengenmäßige und andererseits die wertmäßige Variation an sich sein kann und welche Aussage über die Zulässigkeit dieser Variationsarten im Rahmen der zu bestimmenden engeren Fassung des Bodenertragsgesetzes gemacht werden muß.

Eine *rein mengenmäßige* Variation des Einsatzes liegt vor, wenn die Veränderung ausschließlich durch die Veränderung der Einsatzmengen vorgenommen wird. Soweit die Einsatzmenge nur eines Einsatzgutes der Variation unterliegt, bedeutet das, daß beispielsweise alternativ 100, 200, 300, ..., 100n kg eines bestimmten Düngers oder 10, 20, 30, ..., 10n Arbeitsmengen[31] Jäten eingesetzt werden müssen. Diese Vervielfachung ist nur dann eine rein mengenmäßige, wenn die Güterart — die Güterqualität inbegriffen — unverändert bleibt. Gleiche Güterart soll hierbei jedoch nicht völlige Identität aller Gütermerkmale, sondern lediglich unveränderte, für den Produktionsprozeß relevante Eigenschaften bedeuten. Wird dagegen der Einsatz mehrerer Einsatzgüter variiert, so kann von einer rein mengenmäßigen Variation nur dann gesprochen werden, wenn darüber hinaus auch die Relation zwischen den Einsatzmengen der Einsatzgüter unverändert bleibt. Es werden dann nicht die einzelnen Einsatzmengen für sich betrachtet und variiert, sondern das aus den verschiedenen, relationsmäßig gebundenen Einsatzmengen bestehende „Päckchen“[32], das die Einsatzmengeneinheit darstellt.

Eine *wertmäßige* Variation des Einsatzes ist im Rahmen des Ertragsgesetzes immer mit einer Veränderung des Mengengerüstes verbunden, da die Preise der Einsatzgüter bei alternativ gedachtem Einsatzumfang als konstant angesehen werden müssen. Die Veränderung des Mengengerüstes kann in dem oben beschriebenen Sinne rein mengenmäßiger Natur sein, sie kann bei einer Gruppe von Einsatzgütern aber auch mit Veränderungen der Mengenrelationen und auch der Güterarten verbunden sein. Mengenrelationen und Güterarten sind variierbar, wenn mit

[30] Marshall [Economics] 171.

[31] Auf die Bestimmung der Einsatzmengen unmittelbar variierter Potentialeinsatzgüter wird im Abschnitt II 1 a) eingegangen.

[32] Begriffsbildung nach: Stackelberg [Kostentheorie] 55—56.

Marshall in den Einheiten einfach die Ausgabe einer gleichwertigen Summe Geldes gesehen wird[33].

Unabhängig davon, ob die Variation rein mengenmäßig oder lediglich wertmäßig gebunden durchgeführt werden soll, bleibt es bei Turgot offen, ob mit der *zeitraumneutralen* Betrachtung gleiche Zeitpunkte für die alternativen unmittelbar variierten Einsätze verbunden werden müssen oder ob die Einsätze zu verschiedenen Zeitpunkten erfolgen dürfen. Die Formulierung „eine zweite und dritte Bearbeitung" kann beispielsweise als zweifache bzw. als dreifache Bearbeitung zum gleichen Zeitpunkt oder aber auch als zweimalige bzw. dreimalige Bearbeitung zu zwei bzw. drei Zeitpunkten aufgefaßt werden.

Von diesen unterschiedlich interpretierbaren Einsatzbedingungen läßt sich die letztere verhältnismäßig einfach determinieren, wenn die Verhältnisse der Feldproduktion berücksichtigt werden. Hier ist der Umfang der Ausbringung in sehr erheblichem Maße vom *Zeitpunkt* der Kombination abhängig. Eine Düngung zur Zeit der Aussaat des Getreides ruft fraglos eine andere Wirkung hervor, als dieselbe Düngung etwa zur Zeit des Fruchtansatzes. Da Turgot die Ausbringungsveränderung ausschließlich in Abhängigkeit vom Umfang des unmittelbar variierten Einsatzes beschreibt, muß zumindest im Rahmen des Bodenertragsgesetzes, das sich auf eine Produktionsform bezieht, bei der zeitlich unterschiedliche Einsätze zu unterschiedlichen Ausbringungen führen, auch die Einsatzzeit für sämtliche alternativen Kombinationen die Bedeutung einer Konstanten haben. Für die weitere Untersuchung muß demzufolge die Bedingung des Einsatzes innerhalb eines konstanten Zeitraumes inbezug auf den unmittelbar variierten Einsatz durch die Bedingung des zeitlich wirkungsindifferenten Einsatzes eingeengt werden. Diese Bedingung der *zeitlichen Wirkungsindifferenz* muß auch für die sonstigen Ablaufstadien der alternativen Produktionsprozesse gelten.

Zur Beantwortung der Frage, ob die möglichen Arten der *wertmäßigen* Variation des unmittelbar variierten Einsatzes sämtlich oder nur zu einem Teil mit der engeren Fassung des Bodenertragsgesetzes verträglich sind, ist eine eingehendere Analyse erforderlich. Für die vorliegende Untersuchung ist Datum, daß ein vermehrter, unmittelbar variierter Einsatz eines einzigen ausbringungswirksamen Einsatzgutes in Verbindung mit der konstanten Einsatzgütergruppe zu einem S-förmigen Ausbringungsverlauf führt. Von dieser *reinen* Variationsart der Grundfassung des Bodenertragsgesetzes, mit der nur mengenmäßige, nicht aber artmäßige und relationsmäßige Veränderungen auftreten können, wird nun zur Beurteilung der übrigen Variationsarten, die sich jeweils auf eine Gruppe unmittelbar variierter Einsatzgüter beziehen, als Grundlage ausgegangen. Hierbei soll vorerst angenommen werden,

---

[33] Marshall [Economics] 171.

daß die Güter des unmittelbar variierten Einsatzes vollkommen substituierbar sind, sich also auch einzeln mit der konstanten Einsatzgütergruppe kombinieren lassen. Kann unter dieser Voraussetzung für die eine oder andere Variationsart nachgewiesen werden, daß ein von der S-Form abweichender Ausbringungsverlauf denkbar ist, obwohl für die rein mengenmäßige Variation des Einsatzes jedes einzelnen Einsatzgutes ein S-förmiger Verlauf unterstellt worden ist, dann muß diese Variationsart als unzulässige Erweiterung der Grundfassung des Bodenertragsgesetzes und damit als unvereinbar mit der engeren Fassung des Bodenertragsgesetzes ausgeschlossen werden. Aus diesen Überlegungen wird sich eine erweiterte Beurteilungsgrundlage ergeben, die es dann ermöglicht, auch unter komplizierteren Voraussetzungen zu der aufgeworfenen Frage Stellung zu nehmen.

Unter der Voraussetzung, daß sich die Güter des unmittelbar variierten Einsatzes *vollkommen substituieren* lassen, kann mit der wertmäßigen Variation des Einsatzes ein Austausch der *Güterart* verbunden werden. Es seien zwei Einsatzgüter E_1 und E_2 gegeben, die jedes für sich in unterschiedlichen Einsatzmengen mit dem Boden kombiniert, die in Abbildung 2 dargestellten S-förmigen Ausbringungsverläufe hervorrufen. Wird zur Vereinfachung der weiteren Überlegungen unterstellt, daß die Mengeneinheiten beider Einsatzgüter den Preis DM 1,— haben, dann sind die Mengeneinheiten gleich den Werteinheiten, so daß ihr Einsatz auch in Werteinheiten abgetragen werden kann.

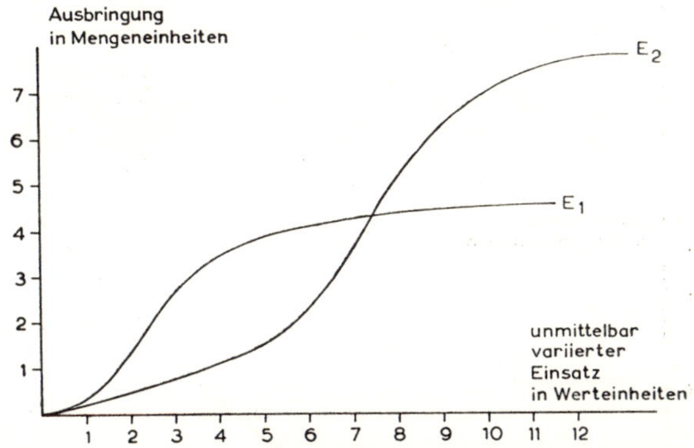

Abbildung 2

Aus der Abbildung ist ohne weiteres ersichtlich, daß ein beliebiger Übergang von der einen Güterart auf die andere bei zunehmenden Einsatzwerten zu einem völlig unregelmäßigen und unbestimmbaren Ausbringungsverlauf führen muß. Wird die Bedingung aufgestellt, daß jeweils das Einsatzgut verwendet wird, das bei dem entsprechenden Einsatzwert die höchste Ausbringung hervorruft, dann wird der Ausbringungsverlauf zwar bestimmbar, es treten aber auch in diesem Falle erhebliche Abweichungen von der S-Form auf. Im Beispiel müßte bis zu dem durch den Schnittpunkt beider Kurven gekennzeichneten Einsatzwert das Einsatzgut E_1 und bei einer weiteren Vermehrung des Einsatzes das Einsatzgut E_2 eingesetzt werden. Der Ausbringungsverlauf weist dann einen Wendepunkt und eine Knickstelle auf. Da jede Güterart eine spezifische, von anderen Güterarten abweichende Ausbringungswirksamkeit haben wird, kann somit behauptet werden, daß ein Aus-

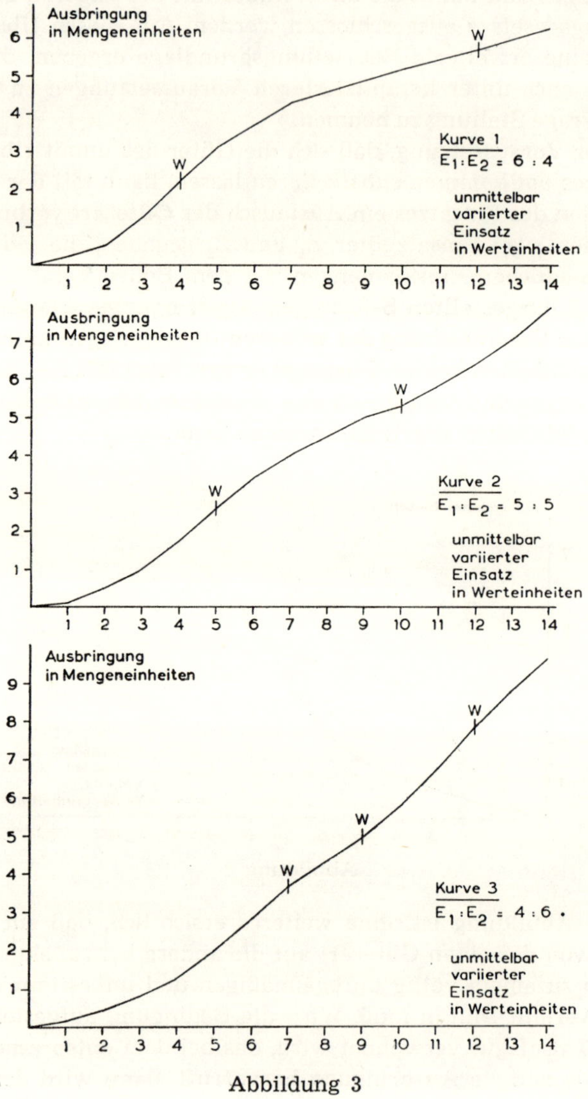

Abbildung 3

tausch der Güterarten innerhalb der unmittelbar veränderten Einsatzgütergruppe mit der engeren Fassung des Bodenertragsgesetzes nicht zu vereinbaren ist. Die gleiche Aussage gilt für die Güterqualität, die im vorliegenden Zusammenhang als artbestimmendes Merkmal aufgefaßt wurde.

Wird der artmäßige Austausch der untereinander vollkommen substituierbaren Güter des unmittelbar variierten Einsatzes ausgeschlossen, dann besteht bei der wertmäßigen Variation noch die Möglichkeit, die *Einsatzmengenrelation* der jeweils gemeinsam eingesetzten Güter zu ändern. Wenn vorerst die Wirkungsinterdependenz dieser Einsatzgüter unbeachtet bleibt und unterstellt wird, daß die Einsatzgüter aus dem konstant bereitgestellten Potential der konstanten Einsatzgütergruppe unterschiedliche Wirkungselemente heranziehen, dann sind die Ausbringungsanteile jedes dieser Einsatzgüter additiv. Für den gemeinsamen Einsatz der Einsatzgüter E_1 und E_2 ergeben sich unter dieser Voraussetzung, beispielsweise für die Mischungsverhältnisse 6:4, 5:5, 4:6 je Werteinheit, die folgenden, aus der Abbildung 2 abgeleiteten, additiven Ausbringungskurven der Abbildung 3.

Abgesehen von den bereits bei unveränderten Mischungsverhältnissen auftretenden Abweichungen vom S-förmigen Ausbringungsverlauf, auf die an späterer Stelle eingegangen wird, zeigt sich auch hier, daß ein beliebiger Übergang von einer Mengenrelation auf eine andere bei Variation des Einsatzwertes mit der engeren Fassung des Bodenertragsgesetzes nicht verträglich ist. Das gleiche gilt unter der Bedingung, daß jeweils die günstigste Relation gewählt wird. Die unter diesem Gesichtspunkt durchgeführten Kombinationen führen im Beispiel zu der in Abbildung 4 wiedergegebenen Ausbringungskurve mit drei Wendepunkten.

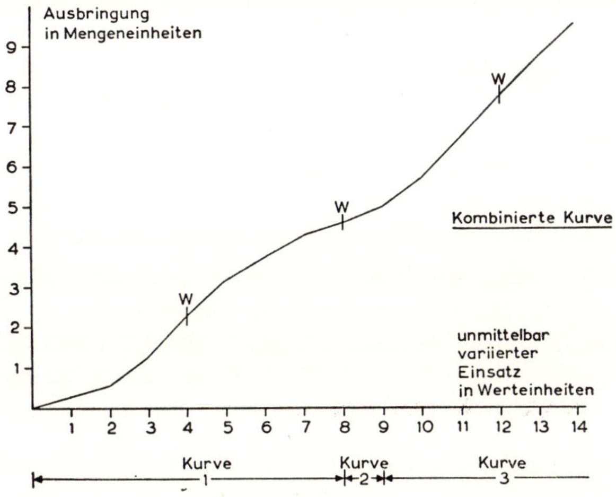

Abbildung 4

Wenn nun in Annäherung an die Realität die Abstraktion der Wirkungsinterdependenz zwischen E_1 und E_2 aufgehoben wird und des weiteren unterstellt wird, daß E_1 und E_2 bei vermehrtem Einsatz zum Teil einen vermehrten Verbrauch gleicher Wirkungselemente aus der konstanten Einsatzgütergruppe induzieren, dann sind die Ausbringungskurven von E_1 und E_2 nicht mehr addierbar. Damit läßt sich für einen unmittelbar variierten Einsatz, dem vollkommen substituierbare Einsatzgüter zugrunde liegen, keine sichere Aussage mehr über den gemeinsamen Ausbringungsverlauf machen. Da es jedoch höchst unwahrscheinlich ist, daß die auf vielfältigen gegenseitigen Beeinflussungsvorgängen beruhende Wirkungsinterdependenz[34] einen so egalisierenden Einfluß auf die alternativen Kombinationen ausübt, daß beispielsweise die in Abbildung 4 wiedergegebene Ausbringungskurve zu einer S-förmigen Kurve wird, besteht auch bei Einbeziehung der Wirkungsinterdependenz keine Veranlassung, die relationsmäßige Variation als verträglich mit der engeren Fassung des Bodenertragsgesetzes anzusehen.

Die Substitutionsmöglichkeit zwischen den Einsatzgütern des unmittelbar variierten Einsatzes kann im Gegensatz zu der bisher behandelten vollkommenen Form auf Mengenrelationen eines bestimmten Intervalles begrenzt sein. Eine Ausbringung kommt in diesem Falle nur dann zustande, wenn sämtliche Einsatzgüter der unmittelbar variierten Gruppe mitwirken. Haller[35] bezeichnet derartige Einsatzgüter als *elastisch komplementär,* um damit zum Ausdruck bringen zu können, daß sie sich artmäßig zwar notwendig ergänzen, daß die Mengenrelationen aber variierbar bleiben. Falls eine nur wertmäßig gebundene Variation des unmittelbar variierten Einsatzes durchgeführt wird, besteht also auch bei Verwendung elastisch komplementärer Einsatzgüter die Möglichkeit, die Einsatzvermehrung mit relationsmäßigen Änderungen der Einsatzmengen zu verbinden. Da kein Anhalt dafür gegeben ist, daß die unter diesen Umständen für vollkommen substituierbare Einsatzgüter nachgewiesenen Unregelmäßigkeiten des Ausbringungsverlaufes bei begrenzter Substituierbarkeit nicht zu erwarten sind, muß im Rahmen der engeren Fassung des Bodenertragsgesetzes auch die Veränderung der Einsatzmengenrelationen zwischen elastisch komplementären Gütern des unmittelbar variierten Einsatzes ausgeschlossen werden.

Die nur *wertmäßig* gebundene Variation des unmittelbar variierten Einsatzes, die nur bei vollkommener Substituierbarkeit und bei elastischer Komplementarität der unmittelbar variierten Einsatzgüter vorliegen kann, hat sich demzufolge im Hinblick auf die möglicherweise auftretenden *artmäßigen* und *relationsmäßigen* Veränderungen als unver-

---

[34] Vgl. hierzu die Aussagen der Pflanzenphysiologie: Boguslawski [Ertragsgesetz] 964 f.

[35] Haller [Indifferenzlinien] 133.

einbar mit der engeren Fassung des Bodenertragsgesetzes erwiesen. Wenn Turgot[36] ohne einen besonderen Zusatz von einer Verdoppelung und Verdreifachung des Einsatzes spricht, so darf hierunter also für das Bodenertragsgesetz engerer Fassung keinesfalls mit Marshall[37] eine Verdoppelung und Verdreifachung lediglich einer gleichwertigen Summe Geldes verstanden werden.

Die *rein mengenmäßige* Variation des Einsatzes einer Gütergruppe setzt voraus, daß die Relation der Einsatzmengen unverändert bleibt, der Einsatz also als Päckchen variiert wird. Aus den Kurvendarstellungen der Abbildung 3 ist ersichtlich, daß für den unmittelbar variierten Einsatz einer Gruppe *vollkommen substituierbarer* Einsatzgüter selbst unter dieser Voraussetzung Abweichungen vom S-förmigen Ausbringungsverlauf auftreten können. Wenn sich diese Abweichungen auch nur unter vereinfachten Bedingungen aufzeigen ließen, so ist auch hier wiederum zu bedenken, daß sich aus der Aufhebung der Vereinfachungen keinesfalls die Berechtigung herleiten läßt, eine Hinführung des Ausbringungsverlaufes auf die S-Form anzunehmen. Als störendes Moment dürfte die mit verschiedenartigen, vollkommen substituierbaren Einsatzgütern verbundene, unterschiedliche Entwicklung der Ausbringungswirksamkeit aufzufassen sein, die möglicherweise nur zu geringen, durchaus aber auch zu erheblichen Abweichungen vom S-förmigen Ausbringungsverlauf führen kann. Unabhängig davon also, ob der unmittelbar variierte Einsatz nur wertmäßig gebunden oder rein mengenmäßig variiert wird, ist die engere Fassung des Bodenertragsgesetzes immer dann nicht anwendbar, wenn die Güter des unmittelbar variierten Einsatzes untereinander vollkommen substituierbar sind.

Zur Beurteilung der rein mengenmäßig durchgeführten Variation *elastisch komplementärer,* unmittelbar variierter Einsatzgüter soll von einem Beispiel ausgegangen werden. Zwei Einsatzgüter dieser Art können im Rahmen der Feldproduktion ein bestimmtes Düngemittel und die Ausstreuarbeit sein. Beide Einsatzgüter ergänzen sich notwendig, die Relation ihrer Einsatzmengen ist in bestimmten Grenzen variierbar. Das Düngemittel kann sehr sorgfältig ausgestreut werden, so daß sich eine gleichmäßige Verteilung ergibt, es kann aber auch mit einem geringeren Arbeitseinsatz und damit ungleichmäßiger dem Boden zugeführt werden. Im letzteren Falle ist eine gleich große Ausbringung nur mit einer größeren Menge des Düngemittels zu erzielen. Wird diese Einsatzgütergruppe nun unter der Bedingung gleichbleibender Mengenrelation variiert, dann ist es sehr wahrscheinlich, daß sich der Sorgfaltsgrad der Düngemittelzuführung ändert, denn eine Verdoppelung und

---

[36] Turgot [Observations] 421.

[37] Marshall [Economics] 171.

Verdreifachung des Düngemitteleinsatzes muß nicht auch eine Verdoppelung und Verdreifachung des Arbeitseinsatzes erforderlich machen.

Wie dieses Beispiel zeigt, ist es durchaus denkbar, daß sich mit einer rein mengenmäßig durchgeführten Variation elastisch komplementärer Einsatzgüter zwangsläufig *qualitätsmäßige* Veränderungen des unmittelbar variierten Einsatzes *in seiner Gesamtheit* verbinden. Da es kaum möglich sein dürfte, ex ante zwischen solchen Gruppen elastisch komplementärer Einsatzgüter zu unterscheiden, deren rein mengenmäßig durchgeführte Variation mit einer qualitätsmäßigen Veränderung des Einsatzes in seiner Gesamtheit verbunden ist und solchen, bei denen eine derartige Veränderung nicht auftritt, muß bei der rein mengenmäßig durchgeführten Variation elastisch komplementärer Einsatzgüter in jedem Falle mit Qualitätsveränderungen gerechnet werden. Da weiterhin kein Anhalt dafür besteht, daß die von der Qualitätsveränderung ausgehende Ausbringungsveränderung proportional zur mengenmäßigen Einsatzvervielfachung verläuft, also lediglich eine Kurvendrehung hervorruft, kann die Möglichkeit einer Durchbrechung des für nur ein Einsatzgut unterstellten S-förmigen Ausbringungsverlaufes bei der rein mengenmäßig durchgeführten Variation elastisch komplementärer Einsatzgüter nicht ausgeschlossen werden. Damit ist auch diese Variationsform elastisch komplementärer Einsatzgüter mit der engeren Fassung des Bodenertragsgesetzes grundsätzlich nicht zu vereinbaren.

Jacob[38] hat die Ansicht vertreten, daß in den Fällen, in denen Interdependenzbeziehungen zwischen den Einsatzgütern eine rein mengenmäßige Variation nicht zulassen, die Möglichkeit bestände, die Einsatzgütergruppe wertmäßig zu vervielfachen. Im vorliegenden Zusammenhang könnte sich die Interdependenzbeziehung, die eine rein mengenmäßige Variation ausschließt, aus der Bedingung gleichbleibender Qualität des Einsatzes in seiner Gesamtheit ergeben. Selbst wenn diese Bedingung realisierbar wäre, könnte in der wertmäßigen Vervielfachung des Einsatzes jedoch kein brauchbarer Weg gesehen werden. Die Verdoppelung und Verdreifachung des Einsatzwertes muß nämlich nicht auch eine gleichmäßige Zunahme der Einsatzwirksamkeit des unmittelbar variierten Einsatzes bedeuten, die bei rein mengenmäßiger Variation eines einzelnen Einsatzgutes gegeben wäre. Mit der möglicherweise auftretenden Veränderung der Einsatzwirksamkeit je Werteinheit können sich durchaus auch Abweichungen vom S-förmigen Ausbringungsverlauf verbinden.

Die ertragsgesetzliche Aussage ist im Rahmen der engeren Fassung des Bodenertragsgesetzes auf elastisch komplementäre Einsatzgüter des unmittelbar variierten Einsatzes jedoch nicht vollends unanwendbar. Sie kann im Hinblick darauf, daß die Ausbringungswirksamkeit einer

---

38 Jacob [Ertragsgesetz] 459—460.

derartigen Einsatzgütergruppe letztlich nur von einem Einsatzgut ausgehen wird, auf die rein mengenmäßige Variation dieses *einen* Einsatzgutes bezogen werden, während der Einsatz der anderen unmittelbar variierten Einsatzgüter außer Ansatz bleibt. In dieser Weise sind die pflanzenphysiologischen Untersuchungen aufgebaut, bei denen die Ausbringungsveränderung nur in Abhängigkeit von der vermehrten Düngemittelmenge verfolgt wird (Mitscherlich), der Arbeitseinsatz aber keine Berücksichtigung erfährt. Die Grundfassung des Bodenertragsgesetzes wird in diesem Falle durch eine *Teilbetrachtung* hergestellt, für die der unmittelbar variierte Einsatz lediglich aus dem einzigen unmittelbar ausbringungswirksamen Einsatzgut, dem Düngemittel, besteht, während die Einsatzgüter, die eine Hilfsfunktion ausüben, nicht in die Betrachtung einbezogen werden.

Die Beziehung zwischen den Einsatzgütern des unmittelbar variierten Einsatzes kann im Gegensatz zu der bisher behandelten vollkommenen Substituierbarkeit und der elastischen Komplementarität auf vollkommener oder starrer Komplementarität beruhen. Als *starr komplementär*[39] werden solche Einsatzgüter eines Produktionsprozesses bezeichnet, die sich in keiner Weise gegenseitig ersetzen können oder positiv ausgedrückt, die sich gegenseitig in ganz bestimmter und, der allgemeinen Auffassung zufolge, in konstanter Mengenrelation ergänzen. Für den unmittelbar variierten Einsatz bedeutet das, daß jede Änderung der Einsatzmenge eines Einsatzgutes eine Änderung der Einsatzmengen der anderen Einsatzgüter dieser Gruppe in gleichbleibender Relation erforderlich macht, so daß der Einsatz notwendigerweise rein mengenmäßig variiert werden muß. Die starre Komplementarität führt zu einer so engen Bindung der betreffenden Einsatzmengen, daß die Einsatzgütergruppe ökonomisch wie ein einziges Einsatzgut zu behandeln ist[40]. Da unter diesen Umständen weder eine unterschiedliche Entwicklung der Ausbringungswirksamkeit noch eine Verschiebung der Einsatzqualität als Folge der unveränderten Einsatzmengenrelation denkbar ist, wird die gemeinsame Vervielfachung des Einsatzes auch nicht zu einer Durchbrechung des ertragsgesetzlichen Ausbringungsverlaufes führen. Starr komplementäre Einsatzgüter können demzufolge auch im Rahmen der engeren Fassung des Bodenertragsgesetzes vorbehaltlos zur unmittelbar variierten Einsatzgütergruppe zusammengefaßt werden.

Damit sind einerseits die bekannten und für die vorliegende Betrachtung relevanten Beziehungen, die zwischen den Gütern des unmittelbar variierten Einsatzes auftreten können — vollkommene Substituierbarkeit, elastische Komplementarität, starre Komplementarität — und andererseits die Möglichkeiten der Einsatzvervielfachung — nur wert-

[39] Haller [Indifferenzlinien] 133.
[40] Paulsen [Volkswirtschaftslehre] 8.

mäßig gebunden, rein mengenmäßig — sämtlich untersucht. Als Ergebnis dieser Untersuchung ist festzuhalten, daß der Bestätigungsgrad der Grundfassung des Bodenertragsgesetzes für die Einsatzvariation mehrerer, in die Betrachtung einbezogener unmittelbar variierter Einsatzgüter nur dann angenommen werden kann, wenn die Einsatzgüter *starr komplementär* sind. Hierin erschöpft sich im wesentlichen die Erweiterungsmöglichkeit der Grundfassung des Bodenertragsgesetzes. Als Grundfassung wurde die Variation nur eines *einzigen ausbringungswirksamen* Einsatzgutes auf einer konstanten, mit Saatgut bestellten Bodenfläche bezeichnet. Die Grundfassung kann auch dann als gegeben angesehen werden, wenn die Betrachtung auf die rein mengenmäßige Variation des unmittelbar ausbringungswirksamen Einsatzgutes einer Gruppe komplementärer Einsatzgüter begrenzt wird. Die sich hieraus ergebende Teilbetrachtung ist für elastisch komplementäre Einsatzgüter von besonderer Bedeutung. Die für die Einsatzvariation der betrachteten Einsatzgüter zulässige Variationsart ist die *rein mengenmäßige* Einsatzveränderung[41], die im Hinblick auf die Bedingung konstanter Einsatzgüterpreise wertmäßig beziffert werden darf.

c) Die hinreichend kleinen Quanten des unmittelbar variierten Einsatzes

Wenn mit Turgot unterstellt wird, daß der Ausbringungszuwachs anfangs relativ zunimmt und erst von einem bestimmten Punkt an relativ abnimmt, so muß neben den genannten Bedingungen beachtet werden, daß die Quanten des unmittelbar variierten Einsatzes eine gewisse Größe nicht überschreiten dürfen. Besteht die bei Turgot angeführte Bodenbearbeitung beispielsweise aus einer Bodendüngung und ist der einfache Einsatz bereits mit einer sehr großen Düngermenge verbunden, so ist es durchaus denkbar, daß bereits die Verdoppelung des Einsatzes relativ fallende Ausbringungen hervorruft. Wie Abbildung 5 zeigt, kann der ansteigende Ast der Ausbringungskurve durch einen sehr hoch dimensionierten Einsatz völlig *überdeckt* werden. Ausdruck für die relative Ausbringungsveränderung sind bei einer nicht unendlich kleinen Mengenvariation die Sekanten, deren Steigungsmaß im vorliegenden Falle mit zunehmendem Einsatz fällt, obwohl der Anstieg der an die Ausbringungskurve gelegten Tangenten anfangs zunimmt[42].

Nach Morgenstern geht der erste exakte Hinweis auf die Bedeutung der Quantengröße auf *Edgeworth*[43] zurück, „der den Nachweis zu füh-

---

[41] Auf die Formen der Einsatzmengenveränderung unmittelbar variierter Potentialeinsatzgüter wird im Abschnitt II 1 a) eingegangen.

[42] Vgl. hierzu auch das Zahlenbeispiel bei Eick [Ertragsgesetz] 66, in Verbindung mit Tabelle 1 auf 73.

[43] Edgeworth [Economy] 65—67.

ren suchte, daß es lediglich von der Wahl der Größe der Dosen, die auf einen konstanten Faktor angewendet werden, abhänge, damit man ausschließlich fallende Erträge erhalte. Es sei nur nötig, genügend große

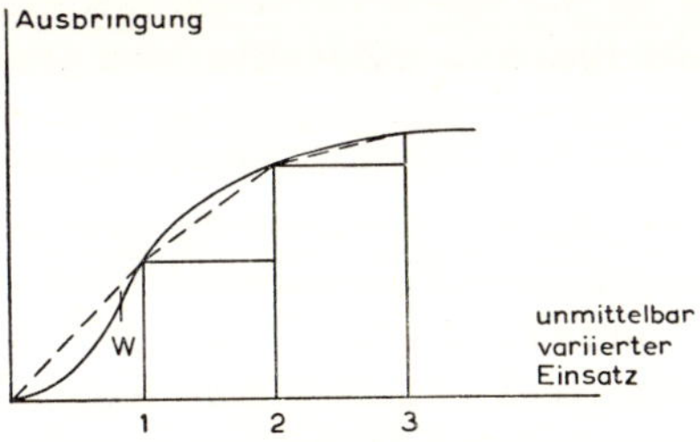

Abbildung 5

Dosen anzunehmen“[44]. Die Unsicherheit, die sich damit aus der Wahl der Dosengröße für die ertragsgesetzliche Aussage ergibt, findet bei *Sraffa*[45] noch eine weitergehende Betonung durch die Behauptung, daß man nur genügend kleine Dosen einem konstanten Faktor hinzuzufügen brauche, um immer steigende Erträge zu erhalten. Es ist offensichtlich, daß diese Umkehrung der Aussage von Edgeworth nur für einen Teil der Ertragskurve zutreffend sein kann, so daß die willkürliche Bestimmung der Dosengröße das Ertragsgesetz wohl in ersterer, nicht aber in letzterer Hinsicht abwandeln bzw. überdecken kann.

Wenn oben gesagt wurde, daß die Quanten des unmittelbar variierten Einsatzes eine gewisse Größe nicht überschreiten dürfen, so ergibt sich im Zusammenhang mit dem Versuch, die Bedingungen des Bodenertragsgesetzes zu determinieren, die Frage, wie groß die Quanten nun sein dürfen, damit nicht mit einer von der *Quantengröße* ausgehenden Durchbrechung des als Datum angesehenen S-förmigen Ausbringungsverlaufes gerechnet werden muß. Grundsätzlich kann hierzu festgestellt werden, daß eine Aussage über die zulässige absolute Größe der Dosen nicht möglich ist, zumal auch das Bodenertragsgesetz keine Aussage darüber macht, bei welcher Einsatzmenge der zunehmende Ausbringungszuwachs in einen abnehmenden Ausbringungszuwachs umschlägt. Es läßt sich aus diesem Grunde nur behaupten, daß der S-förmige Verlauf unter den gegebenen Voraussetzungen zumindest immer dann auftreten wird, wenn die Größe der Einsatzquanten der gedachten *Grenzmenge*, der infinitesimalen Menge, nahe kommt. Mit dieser Bestimmung ist hinsichtlich einer konkreten Grenzziehung zwar sehr wenig gewonnen, sie betont aber generell die Möglichkeit der Überdeckung des ersten Abschnittes der Ertragskurve für die Fälle, in denen die gewählte Quantengröße von dem genannten Wert erheblich abweicht. Für den kon-

---

44 Morgenstern [Probleme] 497 (Sperrungen weggelassen).
45 Sraffa [Relazioni] 285 ff. Hinweis bei Morgenstern [Probleme] 498.

stant bereitgestellten Boden ergibt sich hieraus die zusätzliche Bedingung, daß er von den Wirkstoffen, die mit dem unmittelbar variierten Einsatz zugeführt werden, weitgehend frei sein muß.

An dieser Stelle ist auf die verschiedentlich vertretene Auffassung einzugehen, daß unendlich kleine Zuwachsraten des unmittelbar variierten Einsatzes *Bedingung des Ertragsgesetzes* seien. Wäre dieser Ansicht zu folgen, so würde die Diskussion um die Dosengröße jeder Grundlage entbehren, denn Dosengröße müßte dann die Grenzmenge sein. Diese Bedingung der unendlich kleinen Zuwachsraten ist nur zwingend, wenn in der S-förmigen Kurve nicht eine Näherungskurve der ertragsgesetzlichen Ausbringungsentwicklung, sondern diese selbst gesehen werden soll. Zu der damit verbundenen Entfernung von der Realität besteht jedoch keine Notwendigkeit, denn der ursprüngliche Inhalt des Ertragsgesetzes bleibt auch oder gerade dann gewahrt, wenn die Vermehrung des unmittelbar variierten Einsatzes in *endlichen* Mengen erfolgt, sofern eben diese Mengen hinreichend klein sind. Das zeigt sich sehr deutlich bei Turgot, der die Vermehrung des unmittelbar variierten Einsatzes mit der Verdoppelung und Verdreifachung der Bodenbearbeitung beschreibt. Der gleichen Ansicht ist auch *Menger,* der die Bezeichnung „Grenzertrag" im Rahmen des Ertragsgesetzes durch die Bezeichnung „Ertragssteigerung" ersetzt wissen will und zum Ausdruck bringt, daß er die erschwerende Bedingung der Differentialrechnung nicht als Bedingung des Ertragsgesetzes auffaßt. Nach Mengers[46] Ansicht ist dies „für die Ökonomie deshalb von einer gewissen Wichtigkeit, weil, wenn es sich um unteilbare Produktionsmittel (Maschinen o. dgl.) handelt, die Ertragsfunktion sicherlich keine partiellen Ableitungen besitzt, so daß von einem Grenzertrag im Sinne einer solchen Ableitung nicht gesprochen werden kann, während das Gesetz von den abnehmenden Ertragssteigerungen auch in diesem Falle formulierbar und nachprüfbar ist". Wenn das gegebene Beispiel auch mit Mängeln behaftet ist[47] und die gegebene Begründung auch teleologische Momente enthält, so basiert sie doch auf der Überlegung, daß der üblichen graphischen Darstellungsform des Ertragsgesetzes lediglich die Bedeutung einer *Hüllkurve* zufällt. Die mit einer derartigen Kurve erfüllten Bedingungen für die Anwendung der Differentialrechnung werden damit jedoch nicht zu Bedingungen des Ertragsgesetzes, für das die stetige Kurve nur *eine* graphische Ausdrucksform ist, der sich als weitere Form die Sekantenkette gegenüberstellen läßt.

Unendliche Teilbarkeit des unmittelbar variierten Einsatzes ist also nicht Bedingung des Ertragsgesetzes, sondern lediglich eine zusätzliche

---

[46] Menger, K [Ertragsgesetze] 29.

[47] Vgl. die Ausführungen zum Inhalt der Veränderlichen einer Produktionsfunktion im Abschnitt II 1 a).

Unterstellung im Zusammenhang mit der *Darstellung* des Ausbringungsverlaufes als stetige Kurve, aus der sich dann sehr einfach der Verlauf der Grenz- und Durchschnittsausbringung ableiten läßt. In gleicher Weise wie für die stetige Kurve gilt jedoch auch für die Sekantenkette, daß sie nur dann der Aussage des Ertragsgesetzes entspricht, wenn sie anfangs nur zunehmende und später nur abnehmende Ausbringungszuwachsraten aufweist. Wenn in den vorhergehenden Abschnitten von der S-förmigen Ausbringungskurve als Datum ausgegangen wurde und im folgenden auch weiterhin ausgegangen wird, so ist zu betonen, daß in der stetigen Kurve die *Hüllkurve* der Ausbringungsentwicklung, nicht aber die Ausbringungsentwicklung selbst gesehen werden soll. Der hierin liegende Unterschied ändert nichts an den Ergebnissen der bisherigen Untersuchung.

3. Die Determination der Behauptung

a) Die mengenmäßige Variation der Ausbringung

Aus der ursprünglichen Beschreibung des Bodenertragsgesetzes geht bereits hervor, daß der unmittelbar variierte Einsatz als *unabhängige* Variable aufgefaßt wird, deren Veränderung die Ausbringungsveränderung auslöst. Da die vom Ausbringungsumfang abhängige Erntearbeit demzufolge in dieser Einsatzgütergruppe nicht enthalten sein kann, steht der Einsatz auch nur mit dem *erntereifen* Produkt in direkter Beziehung. Als Ausbringung kann somit nur das erntereife Produkt, nicht aber das geerntete oder etwa das abgesetzte Produkt bezeichnet werden[48]. Einsatz und Ausbringung werden in dieser Weise auf den *Wachstumsprozeß* und damit auf dieselbe Produktionsstufe bezogen.

Wenn für die weiteren Überlegungen vorerst eine Einproduktfertigung unterstellt wird, dann ist es im Rahmen der Feldproduktion möglich, daß die Ausbringung bei mengenmäßiger Variation des unmittelbar variierten Einsatzes *rein mengenmäßig* oder *mengenmäßig-qualitätsmäßig* variiert. Im ersteren Falle ist die Ausbringungsveränderung mengenmäßig zu erfassen, im letzteren Falle nur wertmäßig. Da sich bei Turgot keine näheren Angaben hierzu finden, ist es grundsätzlich denkbar, daß qualitätsmäßige Veränderungen als eingeschlossen gelten sollen.

Qualitätsmäßige Veränderungen der Ausbringung lassen sich nur berücksichtigen, wenn die Ausbringung nicht nur Mengenmessungen, sondern auch *Wertsetzungen* unterworfen wird. Wertsetzungen sind wiederum nur möglich, wenn bestimmte *Wertvorstellungen* bestehen, die an einen bestimmten Beurteilungsgesichtspunkt und an eine von diesem

---

[48] Vgl. S. 24—25.

abhängige *Wertskala* gebunden sind. Die Veränderung des Wertansatzes ist somit nicht nur von der Veränderung der Ausbringungsqualität, sondern darüber hinaus auch von der Struktur der entsprechenden Wertskala abhängig. Da unter diesen Umständen keine generelle Aussage über die Beziehung zwischen der mengenmäßigen Variation des unmittelbar variierten Einsatzes und der Veränderung des Wertansatzes denkbar ist, können qualitätsmäßige Veränderungen der Ausbringung zumindest nicht in die engere Fassung der bodenertragsgesetzlichen Aussage einbezogen werden. Diese Feststellung muß dann auch für die Grundfassung des Bodenertragsgesetzes gelten, die somit die in der Realität durchaus zu erwartenden mengenmäßig-qualitätsmäßigen Veränderungen ebenfalls nicht berücksichtigen kann.

Weddigen geht von ähnlichen Überlegungen aus, wenn er feststellt, daß Qualitätsveränderungen des Ertrages nur bei einer Orientierung am Anbauzweck und an Nutzenschätzungen einbezogen werden können[49] und kritisiert mit Recht Esslen[50], der das Ertragsgesetz als Naturgesetz auffaßt, qualitätsmäßige Veränderungen der Ausbringung aber als zusätzliche Erklärungsursache zuläßt. Weddigen ist des weiteren auch der Ansicht, daß die Berücksichtigung von Qualitätsveränderungen des Ertrages zu einer Durchbrechung des S-förmigen Ausbringungsverlaufes etwa in der Weise führen kann, „daß z. B. nach und noch während mindestens proportionaler durch Quantitätssteigerungen des Produkts bewirkter Ertragssteigerung die Pflanze schon bei der nächsten (wenn auch noch so klein bemessenen, nur noch eben wirksamen) Aufwandsgabe die zusätzlichen Aufwendungen teilweise zur Hervorbringung einer Qualität verwendet, die das Produkt mit einem Schlage trotz noch steigender Quantität so stark entwertet, daß der Rohertrag im Endergebnis unvermittelt absolut sinkt“[51]. Weddigen zieht hieraus jedoch nicht den Schluß, daß die Aussage des Ertragsgesetzes auf mengenmäßige Veränderungen der Ausbringung begrenzt bleiben sollte, sondern kommt zu dem Ergebnis, daß es im Hinblick auf den quantitativ-qualitativen Charakter, den die Ausbringungsveränderungen haben können, nicht als technisches Gesetz, sondern als Wirtschaftstendenz aufzufassen sei. Dieser Ansicht kann, auch im Hinblick darauf, daß lediglich eine Tendenz behauptet wird, nicht gefolgt werden, da der Ausbringungsverlauf damit in Abhängigkeit von Wertvorstellungen und Wertsetzungen gerät, über deren Auswirkungen in Verbindung mit den Mengenänderungen jede generelle Aussage unmöglich ist. Im Rahmen der engeren Fassung des Bodenertragsgesetzes müssen qualitätsmäßige Veränderungen selbst dann unberücksichtigt bleiben, wenn der

---

[49] Weddigen [Ertrag] 207.

[50] Esslen [Gesetz] insbesondere 415 (Fußnote) in Verbindung mit 431.

[51] Weddigen [Ertrag] 210.

Beurteilungsgesichtspunkt und die Wertskala der Wertung keinem Wechsel unterliegen, da auch unter diesen Umständen zusätzliche Durchbrechungen des S-förmigen Ausbringungsverlaufes denkbar sind.

Die Ausbringung der Feldproduktion wird im Gegensatz zu der bisher behandelten Form vielfach aus verschiedenartigen, zwangsläufig miteinander verbundenen Gütern bestehen. So fällt bei der Getreideproduktion neben dem Körnerertrag auch ein Strohertrag an. In diesen Fällen der *Kuppelproduktion* ergibt sich die Frage, ob der Gesamtertrag in die bodenertragsgesetzliche Aussage engerer Fassung einbezogen werden kann, oder ob die Behauptung des S-förmigen Ausbringungsverlaufes nur für die einzelnen Produkte aufgestellt werden darf. Wenn für die einfachste Ausbringungsveränderung, die mengenmäßige Variation nur eines Produktes, der S-förmige Ausbringungsverlauf als Datum angenommen wird, dann besteht bei mehreren Produkten entweder die Möglichkeit, daß die kritischen Werte der einzelnen Ausbringungskurven bei denselben Einsatzmengen liegen oder aber, daß sie unterschiedlichen Einsatzmengen zuzuordnen sind. Im ersteren Falle ergibt sich ein S-förmiger Gesamtausbringungsverlauf, im letzteren Falle verläuft die Kurve der Gesamtausbringung nicht S-förmig. *Boguslawski* hat zu dieser Frage unter pflanzenphysiologischer Sicht Stellung genommen und in seinem zitierten Aufsatz[52] auf die Untersuchungsergebnisse von Mitscherlich, Meyer, Stork und Rippel verwiesen. Während Mitscherlich für Hafer zeigen konnte, daß sowohl für die Korn- und Stroherträge als auch für den Gesamtertrag die gleiche Gesetzmäßigkeit gilt, kamen die anderen Autoren unter Einschluß der Wurzelerträge zum gegenteiligen Ergebnis und sprechen demzufolge von *Teilertragsgesetzen*.

Mit der Feststellung, daß die S-förmigen Ausbringungskurven mehrerer gemeinsam produzierter Güter zusammengefaßt nicht zu einer S-förmigen Ausbringungskurve führen müssen, ergibt sich die Notwendigkeit, die ertragsgesetzliche Aussage im Rahmen der Grundfassung des Bodenertragsgesetzes auf jeweils eine Produktart einzuengen. Diese Aussage läßt sich für das Bodenertragsgesetz engerer Fassung auf mehrere, in gleicher Mengenrelation variierende Produktarten erweitern, da von diesem erkennbaren Merkmal auf die gleiche Lage der kritischen Werte und damit auf eine widerspruchsfreie Erweiterung der Grundfassung geschlossen werden kann. Gegenstand der bodenertragsgesetzlichen Behauptung engerer Fassung ist demzufolge ausschließlich die *rein mengenmäßige* Variation der Ausbringung, die, wie auch der Einsatz, wertmäßig beziffert werden darf.

Der Ausbringungsverlauf wird im allgemeinen durch eine im Ursprung beginnende Kurve dargestellt. Der Ursprung als Kurvenausgangspunkt kann einerseits bedeuten, daß ohne den unmittelbar vari-

---

52 Boguslawski [Ertragsgesetz] 958—959.

ierten Einsatz überhaupt keine Ausbringung zustande kommt, er kann andererseits aber auch besagen, daß die Darstellung nur auf die *Mehrausbringung* ausgerichtet ist, die sich bei Einsatz der unmittelbar variierten Einsatzgüter ergibt. Im ersten Falle ist die Ausbringungskurve eine Gesamtausbringungskurve, im zweiten Falle nur eine Teilausbringungskurve. Für die Feldproduktion dürfte der Ausbringungskurve, soweit sie im Ursprung beginnend gezeichnet wird, die letztere Bedeutung zufallen, da die natürliche Pflanzenumwelt alle notwendigen Güter enthält und der unmittelbar variierte Einsatz somit lediglich aus Ergänzungsgütern bestehen kann. Die Beschreibung des Gesamtausbringungsverlaufes bei Turgot führt demzufolge auch zu der in Abbildung 1 wiedergegebenen Kurve, die in einem positiven Punkt der Ordinate einsetzt und die sich auf einen negativen Punkt der Abszisse zurückverfolgen lassen wird. Eine Gesamtausbringungskurve kann die im Ursprung beginnende Ausbringungskurve des Bodenertragsgesetzes nur dann sein, wenn die konstante Einsatzgütergruppe von den Wirkstoffen, die mit dem unmittelbar variierten Einsatz zugeführt werden, *vollkommen* frei ist und wenn diese Wirkstoffe für die Pflanze lebensnotwendig sind. Die im Ursprung beginnende Ausbringungskurve des Bodenertragsgesetzes wird demzufolge entweder als Teilausbringungskurve der normalen Feldproduktion oder als Gesamtausbringungskurve einer entsprechend gestalteten Gefäßversuchsreihe aufzufassen sein.

b) Die unmittelbar variierten Einsatzmengen als Bezugsgröße der Behauptung

Die Aussage des Ertragsgesetzes über die Ausbringungsveränderung, die sich aus dem alternativen Einsatz unterschiedlicher Einsatzmengen ergibt, steht immer in Beziehung zur Einsatz*veränderung*, gleichgültig, welche Aussageform gewählt wird. Turgot sagt hierzu: „... un second, un troisième labour pourront non pas simplement doubler et tripler, mais quadrupler et décupler le produit, qui augmentera ainsi dans une proportion beaucoup plus grande que les avances n'accroissent...[53]." Von einem bestimmten Punkt an kehrt sich diese Entwicklung dann in das Gegenteil um, so daß die Ausbringung in einem abfallenden Verhältnis zur Einsatzvermehrung zunimmt. Wird eine Veränderung der Ausbringungsmenge mit Δa_1 und die dazugehörige Veränderung der Einsatzmenge mit Δe_1 bezeichnet und das Veränderungspaar zur nächsthöheren Ausbringung mit Δa_2 und Δe_2, dann gilt für Veränderungen, deren Einsatzmengen links vom Wendepunkt der Ausbringungskurve liegen, $\Delta a_1 : \Delta e_1 < \Delta a_2 : \Delta e_2$ und für solche rechts vom Wendepunkt $\Delta a_1 : \Delta e_1 > \Delta a_2 : \Delta e_2$.

[53] Turgot [Observations] 421.

Dieser enge Zusammenhang zwischen Ausbringungs- und Einsatzveränderung liegt auch dann zugrunde, wenn das Ertragsgesetz mit der Veränderung der Grenzausbringung beschrieben wird oder wenn für die Einsatzvermehrung gleichgroße endliche Mengen unterstellt werden. In der ersteren Form besagt das Ertragsgesetz, daß die Grenzausbringung mit wachsendem Einsatz anfangs zunimmt und später abnimmt. In diesem Falle bedarf es keiner besonderen Erwähnung der Einsatzveränderung als Bezugsgröße der Aussage, da die Grenzausbringung als $\frac{da}{de}$ definiert ist, das relative Moment also bereits in diesem Ausdruck enthalten ist. Wird von einer Einsatzvermehrung in gleichgroßen endlichen Mengen ausgegangen, dann vereinfachen sich die oben genannten Ungleichungen zu $\Delta a_1 < \Delta a_2$ bzw. $\Delta a_1 > \Delta a_2$, da $\Delta e_1 = \Delta e_2$. Unter dieser Voraussetzung kann gesagt werden, daß der Ausbringungszuwachs anfangs zunimmt und später abnimmt. Auch hier ist ein ausdrücklicher Hinweis auf die Einsatzveränderung nicht erforderlich. Sie ist jedoch für alle drei Formen der ertragsgesetzlichen Aussage Bezugsgröße.

Turgot bezieht die Ausbringungsveränderung auf die vermehrte Bodenbearbeitung und damit auf den *unmittelbar variierten Einsatz.* Nicht enthalten ist in der Bezugsgröße die für die Feldproduktion zu erwartende Einsatzveränderung der konstant bereitgestellten Einsatzgüter, die von dem unmittelbar variierten Einsatz induziert wird. Von dem gesamten variablen Einsatz, der den unmittelbar variierten Einsatz und den induzierten, mittelbar variierten Einsatz umschließt, geht demzufolge nur der erstere in die ertragsgesetzliche Aussage ein. In seiner ursprünglichen Fassung, und damit auch in der Grundfassung, beschreibt das Bodenertragsgesetz nur die Beziehung zwischen der Veränderung des unmittelbar variierten Einsatzes und der Veränderung der Ausbringung. Auf diese begrenzte Aussagefähigkeit des Ertragsgesetzes hat bereits *Weddigen*[54] hingewiesen, der im Zusammenhang mit der Begründung des S-förmigen Ausbringungsverlaufes hervorhebt, daß das Ertragsgesetz „immer nur die Vermehrung des variablen Aufwandes, also hier nur das gesteigerte Minimumelement, als Aufwandssteigerung in Betracht zieht, die Abgaben der zum Ersatz herangezogenen, im Boden bereits vorhandenen Überschußelemente aber nicht . . .“.

Eine Ausweitung der Bezugsgröße durch Aufnahme auch der Veränderungen des *mittelbar* variierten Einsatzes ist im Rahmen der engeren Fassung des Bodenertragsgesetzes nicht möglich, da es durchaus denkbar ist, daß der Ausbringungszuwachs, bezogen auf den gesamten, auch die induzierte Entnahme aus dem Boden umschließenden Einsatz, eine völlig andersartige Entwicklung annimmt. Diese Durchbrechung des S-

---

[54] Weddigen [Ertrag] 200 (Sperrungen weggelassen).

förmigen Ausbringungsverlaufes tritt nur dann nicht ein, wenn sich der mittelbar variierte Einsatz in einem festen Verhältnis zum unmittelbar variierten Einsatz ändert oder die kritischen Werte seiner Veränderung bei denselben Mengen des unmittelbar variierten Einsatzes liegen, bei denen auch die kritischen Werte der Ausbringungskurve zu finden sind. Da diese Unterstellung durch nichts zu rechtfertigen ist, bedarf sie in diesem Zusammenhang keiner weiteren Beachtung.

Die Aussagefähigkeit auch der engeren Fassung des Bodenertragsgesetzes läßt sich dagegen in anderer Hinsicht erweitern. Während Turgot lediglich die Beziehung zwischen dem unmittelbar variierten Gütereinsatz und der Ausbringung behandelt hat, ist die Ausbringungsentwicklung später auch unter Einbeziehung *konstanten Einsatzes,* so wie Abbildung 6 zeigt, dargestellt worden.

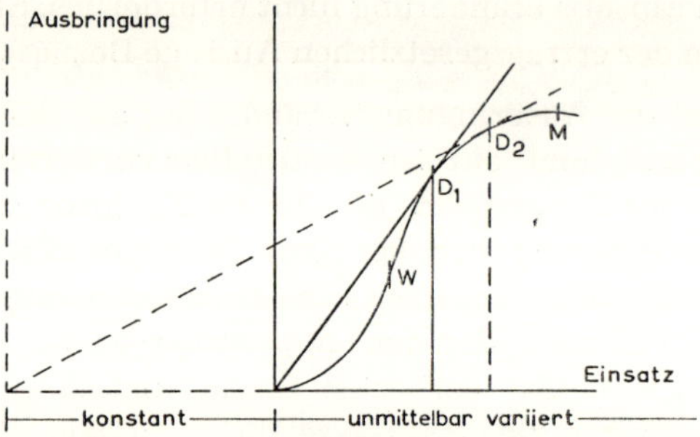

Abbildung 6

Die höchste Durchschnittsausbringung wird in diesem Falle nicht mehr durch den Punkt der Ausbringungskurve gekennzeichnet, in dem die Relation zwischen Ausbringung und unmittelbar variiertem Einsatz (D_1), sondern zwischen Ausbringung und Summe aus unmittelbar variiertem und konstantem Einsatz (D_2) den maximalen Wert annimmt. *Formelle* Voraussetzung für die Einbeziehung konstanten Einsatzes ist die Verwendung eines *Maßstabes,* der beide Einsatzarten gleichnamig macht. Hierbei ist es der Sache nach unbeachtlich, ob als gemeinsamer Maßstab der Geldwert oder zur vermeintlichen Aufrechterhaltung eines rein physischen Ertragsgesetzes die Menge eines Realgutes gewählt wird. In jedem Falle ist eine Wertung erforderlich, mit der die Relation zwischen dem konstanten und dem unmittelbar variierten Einsatz und damit auch die Lage des Punktes D_2 bestimmt wird. Die Lage des Wendepunktes W, also des Punktes mit dem höchsten Ausbringungszuwachs je Einsatzeinheit, und die Lage der maximalen Ausbringung M bleiben von der Vorschaltung konstanten Einsatzes unberührt.

Materielle Voraussetzung dieser Darstellung ist, daß die Betrachtung ausschließlich um *einsatz*konstante, nicht aber um lediglich konstant bereitgestellte Größen erweitert wird. Es ist also lediglich möglich, die für den Produktionszeitraum konstant anfallende Bodenpacht, die Bestellarbeit und andere konstante *Einsätze* einzubeziehen, zu denen auch die Saat gerechnet werden kann. Der Vorzug dieser Darstellung wird darin gesehen, daß die wirtschaftliche Relevanz des konstanten Einsatzes Berücksichtigung findet, dem anderenfalls der Charakter eines freien Gutes gegeben wird[55]. Es ist besonders hervorzuheben, daß auf diesem Wege keine Aussagen über die Auswirkungen realer Veränderungen *innerhalb* der konstanten Einsatzgütergruppe, etwa eines veränderten Saatguteinsatzes oder eines veränderten Umfanges der Bestellarbeit, zu erlangen sind, da sich durch eine derartige Variation die Ausbringungskurve ändern müßte. Es ist dagegen jedoch möglich, an dieser Darstellung die Auswirkungen einer veränderten Wertrelation zwischen dem konstanten und dem unmittelbar variierten Einsatz aufzuzeigen. Diese Erweiterung der Aussagefähigkeit darf nicht darüber hinwegtäuschen, daß der Ausbringung nach wie vor nur ein *unvollständiger Einsatz* gegenübergestellt wird, denn der mittelbar variierte Einsatz bleibt unberücksichtigt.

c) Die S-Form des Ausbringungsverlaufes als spezifischer Inhalt der Behauptung

Die Aussage des Ertragsgesetzes erschöpft sich in der Behauptung, daß der Ausbringungszuwachs unter den genannten Voraussetzungen im Verhältnis zur Steigerung der unmittelbar variierten Einsatzmengen im Bereich kleinerer Einsatzmengen zunimmt und im Bereich größerer Einsatzmengen abnimmt und schließlich negativ wird. Mit der graphischen Darstellung wird ausgesagt, daß die Ausbringung S-förmig ansteigt, die Kurve also anfangs nach unten und später nach oben durchgebogen ist und damit einen Wendepunkt und einen Punkt maximaler Ausbringung aufweist.

Völlig unberührt müssen die Fragen nach dem Steigungsmaß des Ausbringungszuwachses und nach der Einsatz- und Ausbringungsmenge im Wendepunkt sowie im Punkt maximaler Ausbringung bleiben. Ob die Kurve bei einem bestimmten unmittelbar variierten Einsatzgut verhältnismäßig steil oder flach verläuft, ob der Wendepunkt schon bei einer sehr kleinen oder erst bei einer großen Einsatzmenge liegt und bei welcher Menge die maximale Ausbringung zu erwarten ist, sind wesentliche Punkte des Interesses, über die das Ertragsgesetz in seiner generellen Form keine Aussage machen kann. Das Ertragsgesetz schließt

---

[55] Carell [Kostentheorie] 398.

lediglich jeden nicht anfangs nach unten und später nach oben durchgebogenen Ausbringungsverlauf aus, läßt in dem verbleibenden Rahmen aber für alle konkreten Situationen vielfältige Möglichkeiten offen. Abbildung 7 gibt einige extreme Formen ertragsgesetzlicher Ausbringungsentwicklung wieder, von denen irgendeine, nicht näher zu bestimmende Kurve für den speziellen Fall die richtige sein kann. Nicht mit dem Ertragsgesetz zu vereinbaren sind beispielsweise geradlinige Kurvenverläufe, Kurvenverläufe mit mehreren Wendepunkten, abrupt abbrechende Kurven.

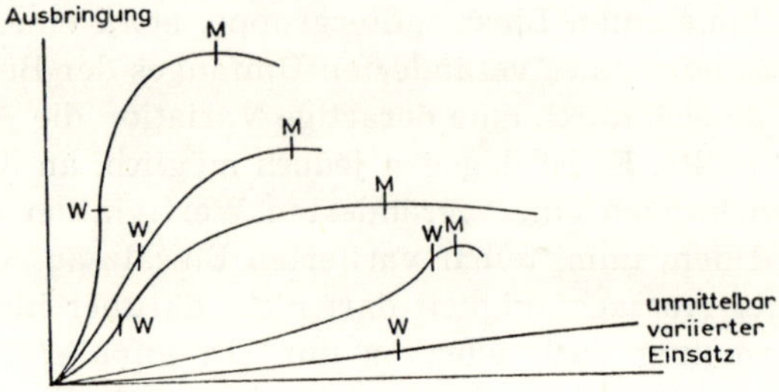

Abbildung 7

Für rein theoretische Überlegungen besteht der Wert des Ertragsgesetzes und des hier untersuchten Bodenertragsgesetzes engerer Fassung lediglich in der Vorhersage, daß ein Wendepunkt zu erwarten sein wird, daß die Ausbringung unter den gegebenen Bedingungen von irgendeinem Punkt an nicht mehr steigen kann und daß zwischen Wendepunkt und Maximum ein Punkt höchster Durchschnittsausbringung liegen wird.

4. Die Bestätigung der Aussage im realen Bereich und die Richtigkeit der Aussage im logischen Bereich

Wird von theologisch-ethischen und juristischen Gesetzen abgesehen, so lassen sich mit Menger[56] zwei Gesetzesarten unterscheiden: empirische Gesetze und exakte Gesetze. Empirische Gesetze definiert Menger als „theoretische Erkenntnisse, welche uns die factischen (indess keineswegs verbürgt ausnahmslosen) Regelmässigkeiten in der Aufeinanderfolge und in der Coexistenz der realen Phänomene zum Bewusstsein bringen“. Exakte Gesetze sind „Regelmässigkeiten in der Aufeinanderfolge der Phänomene, welche sich uns nicht nur als ausnahmslos darstellen, sondern mit Rücksicht auf die Erkenntnisswege, auf welchen wir zu denselben gelangen, geradezu die Bürgschaft der Ausnahmslosigkeit in sich

[56] Menger, C. [Methode] 36—38.

tragen". Eine ähnliche Einteilung der Gesetze findet sich bei Haller[57], der zwischen Erfahrungsregeln und reinen Gesetzen unterscheidet. Den induktiv aus der bisherigen Erfahrung gewonnenen, ohne Begründung konstatierten Regelmäßigkeiten werden die mithilfe logisch-mathematischer Operationen deduzierten, den Zusammenhang begründenden und dadurch den Charakter der Notwendigkeit tragenden reinen Gesetze gegenübergestellt. Auf den vorliegenden Zusammenhang übertragen, ergibt sich die Frage, ob eine dieser beiden Arten des Gesetzesbegriffes auf das Bodenertragsgesetz anwendbar ist, ob dieses Phänomen also als empirisches oder als exaktes Gesetz im Sinne Mengers aufgefaßt werden kann.

Wenn das Bodenertragsgesetz als ein *empirisches Gesetz* angesehen werden soll, so muß bei Erfüllung der als notwendig erachteten Bedingungen der S-förmige Ausbringungsverlauf in der Realität nachgewiesen werden können und dieser Nachweis muß in einer Vielzahl von Fällen gelingen. Das Wahrheitskriterium sind die empirisch vorfindbaren Sachverhalte[58]. Die grundlegende Voraussetzung hierfür ist, daß sich die Einsatzbedingungen in vollem Umfang in der Realität erfüllen lassen. Wenn vom unkompliziertesten Fall, der Grundfassung des Bodenertragsgesetzes, ausgegangen wird, so muß eine bestellte Bodenfläche, die von den Wirkstoffen des unmittelbar variierten Einsatzes weitgehend frei ist, in ihrer Gesamtheit mit unterschiedlichen Mengen eines einzigen ausbringungswirksamen Einsatzgutes bei hinreichend kleiner Mengenvariation alternativ und zeitlich wirkungsindifferent kombiniert werden. Da alternative und gleichzeitig zeitlich wirkungsindifferente Kombinationen nicht verwirklicht werden können, entsteht die Frage, ob sich für das Experiment eine Gestaltungsmöglichkeit aufzeigen läßt, die diesen Bedingungsteil realisierbar macht. Als Ausweg bietet sich an, so viele bestellte Bodenflächen vorzusehen, wie alternative Kombinationen durchgeführt werden sollen und jede dieser Bodenflächen mit unterschiedlichen Mengen des unmittelbar variierten Einsatzgutes zu kombinieren. Soweit die Bodenflächen, die Saat und die Bestellarbeit wirkungsindifferent sind, der unmittelbar variierte Einsatz innerhalb eines wirkungsindifferenten Zeitraumes eingesetzt wird und die Wachstumsprozesse sämtlicher Kombinationen wirkungsindifferenten sonstigen Einflüssen unterliegen, dürfte die fragliche Bedingung als erfüllt angesehen werden können. Die Bedingung, daß der Boden keine Wirkstoffe des unmittelbar variierten Einsatzes enthalten darf, läßt sich dann realisieren, wenn Gefäßversuche vorgenommen werden, bei denen die Möglichkeit besteht, den Boden von derartigen Substanzen zu läutern. Die darüber hinaus notwendige Variation eines ausbringungswirksamen Ein-

[57] Haller [Typus] 41—55.
[58] Wöhe [Grundprobleme] 85.

satzgutes in hinreichend kleinen Mengen bereitet bei vielen Gütern keinerlei Schwierigkeiten, so daß der experimentelle Nachweis grundsätzlich durchführbar ist. Wird die Aussage nun im Hinblick auf ein möglichst unkompliziertes Experiment ebenfalls auf eine Produktart begrenzt, so müßte sich für die Ausbringungsmengen der S-förmige Ausbringungsverlauf in Abhängigkeit vom unmittelbar variierten Einsatz ergeben.

Mit der Beziehung zwischen dem Einsatz und der Ausbringung hat sich auf dem Gebiet des Pflanzenwachstums insbesondere *Mitscherlich* beschäftigt. Aus den Beschreibungen der Versuchsanordnungen geht hervor, daß peinlichst darauf geachtet wurde, jeweils nur einen Wachstumsfaktor unter sonst ganz gleichen Vegetationsbedingungen zu variieren und damit also die schwierigste der genannten Bedingungen zu erfüllen. Mitscherlich[59] führt hierzu aus: „Wir haben also zunächst in jedem Falle möglichst gleichartige Individuen zu diesen Versuchen heranzuziehen, Nachkommen einer Hochzucht, und, wenn möglich, dabei noch von einer Einzelpflanze; wir haben dabei allen Pflanzen sonst die gleichen Boden- und Nährstoffmengen zur Verfügung zu stellen, und ebenso genau die gleichen klimatischen Bedingungen! Die Pflanzen müssen darum zur gleichen Zeit ausgesät werden, müssen während der Vegetationszeit alle den gleichen Licht- und Wärmemengen ausgesetzt werden und auch die gleichen Wassermengen zur Verfügung haben; endlich müssen sie dann darum auch zur gleichen Zeit geerntet werden." Die in derselben Schrift wiedergegebenen Ertragstafeln zeigen, daß auch die Mengenunterschiede des jeweils unmittelbar variierten Einsatzgutes, hier Phosphorsäure, Kali oder Stickstoff, sehr klein gewählt worden sind, so daß es gerechtfertigt erscheint, die tatsächliche Erfüllung des Bedingungskomplexes insoweit anzunehmen. Aus den Ergebnissen dieser Versuche hat Mitscherlich Anfang dieses Jahrhunderts sein „Gesetz der physiologischen Beziehungen" abgeleitet, das später als „Wirkungsgesetz der Wachstumsfaktoren" bezeichnet worden ist. An einer Vielzahl von Gefäßversuchen und Felddüngungsversuchen[60] ließ sich nun nachweisen, daß die Ausbringung nicht S-förmig ansteigt, sondern lediglich mit einer *abnehmenden Ausbringungszunahme* gerechnet werden kann. Der Pflanzenertrag steigt nach Mitscherlich mit der Steigerung eines Wachstumsfaktors proportional dem an einem Höchstertrage fehlenden Ertrage[61].

Den Untersuchungen von Mitscherlich lassen sich jedoch Untersuchungen anderer Autoren gegenüberstellen, die einen S-förmigen Ausbringungsverlauf nachweisen konnten oder die das Ausbleiben des zuneh-

---

[59] Mitscherlich [Ertragsgesetze] 9 f.

[60] Mitscherlich nennt in der zitierten Schrift 23 000 Gefäßversuche und 28 000 Felddüngungsversuche (S. 19).

[61] Mitscherlich [Ertragsgesetze] 10.

menden Ausbringungszuwachses bei Mitscherlich auf Unvollkommenheiten in der Versuchsanordnung zurückführen wollen. *Weddigen*[62] hat sich um eine Zusammenstellung experimenteller Nachweise für den anfänglich zunehmenden Ausbringungszuwachs bemüht und in diesem Zusammenhang auf die bei Esslen[63] wiedergegebenen Versuche von Wollny und Matthaei verwiesen. Die Auswertungen der Gefäßversuche beider Autoren lassen einen S-förmigen Ausbringungsverlauf erkennen, der schließlich in einem fallenden Ast ausläuft. *Rippel*[64] berichtet von Versuchen, die an Pilzen durchgeführt wurden (R. Meyer 1928/1930), bei denen sich in Abhängigkeit von einer vermehrten Gabe von Ammonsulfat ein anfänglich zunehmender Ertragszuwachs aufzeigen ließ. Rippel hebt besonders hervor, daß diese Erscheinung durch genügend Parallelen und Wiederholungen gesichert werden konnte. Besonders interessant ist bei Rippel, daß er dieses Resultat mit dem von Mitscherlich festgestellten durchweg abnehmenden Ausbringungszuwachs konfrontiert. Hierbei wird das Ausbleiben des anfänglich ansteigenden Ausbringungszuwachses bei den von Mitscherlich unternommenen Düngungsversuchen und andererseits der Nachweis dieser Verlaufsphase bei Meyer darauf zurückgeführt, daß nur im letzteren Falle mit Bodensubstanzen gearbeitet worden ist, die von Wirkstoffen des vermehrten Einsatzgutes frei waren. Rippel bestätigt damit diese, für die Grundfassung des Bodenertragsgesetzes abgeleitete Bedingung und stellt die Erfüllung dieser Bedingung bei den von Mitscherlich durchgeführten Versuchen in Frage. Rippel vermerkt dazu, daß bei höheren Pflanzen das Verhalten der Anstiegstangente einer Untersuchung nicht so leicht zugänglich ist wie bei Pilzen, da man bei höheren Pflanzen „nicht weit genug an den O-Ertrag herankommt, weil es hier viel schwieriger ist, größere Mengen eines völlig von dem variablen Faktor freien Bodenmaterials zu beschaffen ...“[65].

Inwieweit nun unterstellt werden darf, daß Mitscherlich bei seinen sämtlichen Versuchen von einem so ausreichend mit dem vermehrten Düngemittel versorgten Boden ausgegangen ist, daß der Abschnitt zunehmenden Ausbringungszuwachses nicht mehr berührt werden konnte, kann hier nicht weiter verfolgt werden[66]. Es sei lediglich darauf hingewiesen, daß die von Rippel angeführten Bedenken insofern nicht ohne weiteres abzulehnen sind, als Mitscherlich bei dem später angestellten Versuch, den funktionalen Zusammenhang seines Wirkungsgesetzes näher zu bestimmen, ausdrücklich die im Boden bereits vorhandenen Mengen des vermehrten Düngemittels berücksichtigt, also offensichtlich nicht

[62] Weddigen [Ertrag] 189—194.
[63] Esslen [Gesetz seit Liebig] 103 f.; Esslen [Gesetz] 420 f.
[64] Rippel [Ertragsgesetz] 614 f.
[65] Rippel [Ertragsgesetz] 614.
[66] Vgl. hierzu Abschnitt I 2 c), insbesondere S. 35.

von reinen Substanzen ausgegangen ist[67]. Die eingangs gestellte Frage, ob das Bodenertragsgesetz mit seinem S-förmigen Ausbringungsverlauf als ein empirisches Gesetz angesehen werden darf, läßt sich diesen repräsentativen Forschungsergebnissen zufolge selbst für den unkompliziertesten Fall des Bodenertragsgesetzes, die Grundfassung, weder bejahend noch verneinend beantworten. Dagegen dürfte es zulässig sein, dem Abschnitt fallenden Ausbringungszuwachses und damit dem Gesetz des allmählich abnehmenden Bodenertragszuwachses den Charakter eines empirischen Gesetzes, einer Erfahrungsregel, zuzuschreiben.

Wenn das Bodenertragsgesetz als *exaktes Gesetz* aufgefaßt werden soll, dann steht nicht die Frage im Vordergrund, ob der S-förmige Ausbringungsverlauf in der Realität nachweisbar ist, sondern ob sich diese Verlaufsform logisch zwingend aus dem Bedingungskomplex herleiten läßt, ob sich der Zusammenhang zwischen den aufgestellten Bedingungen und der behaupteten Folge notwendig ergeben muß. Das Wahrheitskriterium ist die logische Richtigkeit[68]. Hieran kann sich unter einer zusätzlichen Fragestellung der Vergleich mit den realen Vorgängen, die Verifikation, anschließen, der die Bedeutung zufällt, eine Aussage über die praktische Brauchbarkeit des exakten Gesetzes zu machen, „nachzuweisen, inwieweit ein theoretisch als wahr erkannter Zusammenhang sich tatsächlich empirisch zeigen läßt“[69]. Da das Ergebnis der Verifikation für die vorliegende Frage unbeachtlich ist, bleiben die weiteren Überlegungen auf den genannten Zusammenhang zwischen Einsatzbedingungen und Aussage begrenzt.

Mit der Determination der von Turgot genannten Einsatzbedingungen und der Behauptung wurden die Einflüsse ausgeschaltet, von denen eine Störung des als Datum angenommenen S-förmigen Ausbringungsverlaufes von vornherein erwartet werden mußte. Die vom spezifischen Inhalt der Behauptung her durchgeführte Bereinigung der vorgefundenen Aussage ist nun daraufhin zu überprüfen, ob sie einen Beziehungszusammenhang zu begründen vermag, der logisch streng und notwendig zu diesem S-förmigen Ausbringungsverlauf führen muß. Es ist unschwer einzusehen, daß die alternativen Kombinationen zwischen einem konstant bereitgestellten Boden und unterschiedlichen Mengen eines ausbringungswirksamen Einsatzgutes zwar Ausbringungen ergeben müssen, daß sich daraus aber keineswegs ein apodiktisches Urteil über die Form des Ausbringungsverlaufes ableiten läßt. Der Ausbringungsverlauf bleibt völlig unbestimmt, soweit nicht neben den Einsatzbedingungen und der Behauptung auch der *Beziehungszusammenhang* hinreichend determiniert wird. Diese Aussage gilt nicht nur für die Be-

---

67 Mitscherlich [Ertragsgesetze] 16 ff.
68 Wöhe [Grundprobleme] 85—86.
69 Wöhe [Grundprobleme] 84.

hauptung des S-förmigen Verlaufes, sondern ebenfalls für ein lediglich auf die Phase des allmählich abnehmenden Ausbringungszuwachses eingeengtes Bodenertragsgesetz. Es kann also festgestellt werden, daß das Bodenertragsgesetz selbst in der engeren Fassung, und damit auch in der Grundfassung, kein exaktes Gesetz ist und im Hinblick auf die Zweifel, die sich für das Bodenertragsgesetz als empirisches Gesetz ergaben, damit vollends des Gesetzescharakters entbehrt.

In der Literatur lassen sich dagegen namhafte Autoren nennen, die das Bodenertragsgesetz als logisch zwingendes Gesetz auffassen. So ist *Stackelberg* der Ansicht, daß sich das Bodenertragsgesetz aufgrund der allgemeinen Erfahrung zwingend beweisen ließe. Er führt hierzu aus: „Würde es nicht gelten, so würde man durch Verdoppelung des Arbeitseinsatzes den Hektarertrag verdoppeln, durch Vervierfachung des Arbeitseinsatzes vervierfachen können usw. Das Ergebnis wäre absurd: Man würde dann durch Zusammenziehung der gesamten Arbeit, die in der Landwirtschaft der Welt geleistet wird, auf einem einzigen Hektar eine Ernte erzielen können, die der Welternte gleich wäre[70].“ Wenn Stackelberg auch unmittelbar vorher das vollständige Bodenertragsgesetz mit seinem S-förmigen Verlauf dargestellt hat, so sollen die zitierten Ausführungen offensichtlich nur für die Phase des abnehmenden Ausbringungszuwachses gelten, zumal Stackelberg das Ertragsgesetz vorwiegend als „Gesetz des abnehmenden Ertragszuwachses“ bezeichnet. Aber selbst unter Einengung auf die Phase des abnehmenden Ausbringungszuwachses ist die Behauptung, daß sich mit der dargelegten Begründung ein zwingender Beweis erbringen läßt, nicht aufrecht zu erhalten. Daß sich die gesamte Welternte nicht auf einem einzigen Hektar produzieren läßt, ist lediglich ein Beweis für die *Begrenzung* des Ausbringungszuwachses, nicht aber für die behauptete allmähliche Abnahme des Ausbringungszuwachses. Gegen den Ansatz der Beweisführung an sich ist nichts einzuwenden, denn ein als exaktes Gesetz unzureichend determinierter Beziehungszusammenhang kann durch Einführung empirisch-induktiv gewonnener, tatsächlich gültiger Urteile zu einem apodiktischen Urteil werden, das solange gilt, wie die empirisch-induktiv gewonnenen Aussagen gelten[71]. Bei Stackelberg fehlen jedoch die Bedingungen, die über die Begrenzung des Ausbringungszuwachses hinaus auch die *allmähliche Abnahme* des Ausbringungszuwachses begründen, denn die angeführte Erfahrungsregel, daß die Welternte nicht auf einem Hektar zu erzielen ist, schließt beispielsweise nicht eine Schlangenlinie oder eine geradlinige Kurve, die abrupt abbricht, als Verlaufsformen aus.

---

70 Stackelberg [Volkswirtschaftslehre] 36—37.

71 Vgl. hierzu Wöhe [Grundprobleme] 76—77.

Die gleiche Auffassung wie Stackelberg hat auch *Schneider* bis zur 4. Auflage des 2. Teiles seiner „Einführung in die Wirtschaftstheorie“ (1956) vertreten. Schneider behauptet in der 4. Auflage, daß das Gesetz des abnehmenden Bodenertrages überall da gilt, „wo die Voraussetzung der mengenmäßigen Konstanz einer Gruppe von Produktionsmitteln erfüllt ist“[72]. Er fährt dann unmittelbar fort: „Daß das Gesetz des abnehmenden Ertragszuwachses unter dieser Voraussetzung gelten muß, ergibt sich schon rein logisch zwingend aus der Überlegung, daß, wenn es nicht gelten würde, es — im Widerspruch zur Erfahrung — möglich wäre, im Rahmen einer gegebenen Anlage — z. B. auf einem gegebenen Stück Boden — jede noch so große Menge eines Produktes allein durch sukzessive Vergrößerung der Mengen der anderen notwendigen (komplementären) Produktionsmittel zu erstellen.“ Für diese Begründung gilt ebenfalls, daß kein logisch zwingender Zusammenhang zwischen den Voraussetzungen und der Behauptung hergestellt werden konnte. In der 5. Auflage ist dann zum Thema „Gesetz vom abnehmenden Ertragszuwachs“ zu lesen: „Es sei aber mit Nachdruck darauf hingewiesen, daß es sich hier um eine rein empirische Gesetzmäßigkeit handelt, deren Gültigkeitsbereich selbstverständlich ebenfalls nur empirisch ermittelt werden kann[73].“

Es ist in diesem Zusammenhang von Interesse, daß sich *Menger*[74] bereits 1936 mit der „klassischen Beweisführung“, die Stackelberg und Schneider wiedergeben, und darüber hinaus auch mit ähnlichen Versuchen von Böhm-Bawerk und Wicksell auseinandergesetzt hat. Mengers „Bemerkungen zu den Ertragsgesetzen“ zeigen in sehr präziser Formulierung, daß sich aus keinem dieser Beweise die Berechtigung herleiten läßt, das Gesetz des abnehmenden Ertragszuwachses als exaktes Gesetz aufzufassen.

In der allgemein üblichen und selbst in der engeren Fassung ist das Bodenertragsgesetz mit dem S-förmigen Ausbringungsverlauf demzufolge weder als empirisches noch als logisch zwingendes Gesetz zu bezeichnen. Letzteres gilt in gleicher Weise auch für das Gesetz des abnehmenden Ertragszuwachses. An dieser Feststellung ändert auch die später vorgenommene mathematische Formulierung des Problemes nichts, mit der die Ausbringung als Funktion des Einsatzes angesehen wird, denn auch hieraus ergibt sich keineswegs zwingend, daß es eine steigende Funktion dritten Grades sein muß. Das Turgotsche Bodenertragsgesetz kann damit im realen Bereich lediglich als *Hypothese mit einem gewissen Bestätigungsgrad*, im logischen Bereich lediglich als *unvollständig determiniertes Denkmodell* aufgefaßt werden.

---

72 Schneider [Wirtschaftstheorie] 109—110 (Sperrungen weggelassen).
73 Schneider [Wirtschaftstheorie (5)] 198.
74 Menger, K. [Ertragsgesetze] 44 ff.

5. Der Inhalt der engeren Fassung des Bodenertragsgesetzes

Die Überprüfung der bei Turgot vorgefundenen ursprünglichen Formulierung des mikroskopisch-statischen Bodenertragsgesetzes ergab, daß zwar der Ausbringungsverlauf eindeutig beschrieben worden ist, daß aber die Einsatzbedingungen und der sonstige Inhalt der Behauptung unterschiedlich gedeutet werden können. Mit der Herausarbeitung der engeren Fassung des Bodenertragsgesetzes wurde der Zweck verfolgt, einerseits sämtliche Einengungen der Grundfassung des Bodenertragsgesetzes, die mit den realen Voraussetzungen nicht als vereinbar anzusehen sind, und andererseits sämtliche Erweiterungen dieser Grundfassung, mit denen zusätzliche Durchbrechungen des S-förmigen Ausbringungsverlaufes denkbar werden, auszuschließen. Die unter diesem Gesichtspunkt zulässige Fassung des Bodenertragsgesetzes hat im wesentlichen folgenden Inhalt:

Als *konstantes Einsatzgut* ist nicht nur der Boden, sondern der bestellte Boden zu behandeln, der von Wirkstoffen des unmittelbar variierten Einsatzes weitgehend frei sein muß. Für den Boden und die Saat gilt lediglich die Bedingung der Bereitstellungskonstanz, für die Bestellarbeit die Bedingung der Einsatzkonstanz. Der Einsatz des Bodens variiert mittelbar. Eine teilweise Brachlegung des Bodens ist nicht zulässig.

Unmittelbar variiertem Einsatz können ein einzelnes Einsatzgut, das aus einer Gruppe komplementärer Einsatzgüter gedanklich herausgelöste unmittelbar ausbringungswirksame Einsatzgut oder eine Gruppe von Einsatzgütern, deren Einsatzmengen starr komplementär sind, unterzogen werden. Die Güter müssen sich mit der konstanten Einsatzgütergruppe in unterschiedlichsten Einsatzmengen ausbringungswirksam verbinden lassen, und die mengenmäßige Einsatzveränderung muß in hinreichend kleinen Quanten, alternativ und zeitlich wirkungsindifferent durchgeführt werden. Die alternativen Produktionsprozesse müssen zeitlich wirkungsindifferent ablaufen.

Wird für die Grundfassung des Bodenertragsgesetzes ein S-förmiger Ausbringungsverlauf unterstellt, dann besteht unter Zugrundelegung dieser Einsatzbedingungen kein Widerspruch zu der *Behauptung,* daß die erntereifen Ausbringungsmengen eines einzelnen Produktes oder einer Gruppe, in gleichbleibender Mengenrelation anfallender Produkte, bis zu einer bestimmten Einsatzmenge in zunehmendem und danach in abnehmendem Verhältnis zur Veränderung der Mengen des unmittelbar variierten Einsatzes steigen und schließlich absolut fallen. Da der S-förmige Ausbringungsverlauf jedoch selbst für die Grundfassung keine, den Gesetzescharakter hinreichend begründende Bestätigung gefunden hat und auch nicht logisch zwingend ableitbar ist, kann auch die engere Fassung des Bodenertragsgesetzes weder als empirisches noch als exaktes Gesetz bezeichnet werden. Die engere Fassung des Bodenertragsgesetzes hat gegenüber weiten Fassungen jedoch den Vorzug, daß ihr *Bestätigungsgrad* nicht geringer eingeschätzt werden muß als der Bestätigungsgrad der Grundfassung des Bodenertragsgesetzes, die zumindest in einem gewissen Umfang als bestätigt angesehen werden darf.

II. Die Ableitung der Kostenaussage

1. Die konträre Betrachtungsrichtung

Das Ertragsgesetz beschreibt die Veränderung der Ausbringung in Abhängigkeit von der Veränderung des Einsatzes und verfolgt damit den Beziehungszusammenhang zwischen Einsatz und Ausbringung von dem veränderten Einsatz in Richtung auf die sich verändernde Ausbringung. Der aus dem Ertragsgesetz abgeleiteten Kostenaussage liegt derselbe Beziehungszusammenhang zugrunde, nur wird hier die Veränderung des Einsatzes auf die Veränderung der Ausbringung bezogen, so daß die Betrachtung von der sich verändernden Ausbringung in Richtung auf den veränderten Einsatz verläuft.

Der unveränderte Beziehungszusammenhang beruht auf unveränderten, alternativen Produktionsprozessen, die nach Einsatz des unmittelbar variierten Einsatzgutes unbeeinflußt ablaufen und zwangsläufig zu ganz bestimmten Ausbringungsmengen führen. Diese nur kausal determinierten Prozesse bleiben nach wie vor Gegenstand der Betrachtung. Mit der veränderten *Betrachtungsrichtung* verbindet sich keinesfalls ein Übergang auf Produktionsprozesse, die darüber hinaus auch final determiniert sind, deren Einsatz von einem Ziel, beispielsweise von dem der Minimalkostenkombination, bestimmt wird. Der Übergang zur Kostenaussage darf demzufolge nicht als Veränderung der Prozeßdetermination gedeutet werden[1].

Der Beziehungszusammenhang zwischen Einsatz und Ausbringung und auch die konträren Betrachtungsrichtungen lassen sich sehr anschaulich durch die mathematisch-funktionale Darstellung interpretieren. Ausdruck für den Beziehungszusammenhang wird hierbei die Funktion φ (E, A) = O, die unabhängig von der Betrachtungsrichtung gilt. Aus dieser impliziten Funktion können je nach der Betrachtungsrichtung die expliziten Funktionen A = χ (E) und E = ψ (A) entwickelt werden, von denen die eine Funktion jeweils die inverse Funktion der anderen darstellt und damit auch aus dieser ableitbar ist. Die ursprüngliche Betrachtungsrichtung wird durch die Funktion A = χ(E) wiedergegeben, in der die Ausbringung als abhängige Veränderliche und der Einsatz als unabhängige Veränderliche auftreten. Für die konträre Betrachtungs-

---

[1] Vgl. zu diesen Ausführungen Hartmann [Denken] 19; Kloidt [Betriebsprozeß] 825.

richtung gilt die Funktion $E = \psi(A)$, die als abhängige Veränderliche den Einsatz und als unabhängige Veränderliche die Ausbringung enthält.

Dieser Übergang von der verbalen zur mathematischen Formulierung des Beziehungszusammenhanges wird im allgemeinen vollzogen, wenn aus dem Ertragsgesetz die Kostenaussage abgeleitet werden soll. Ausgangsfunktion ist die Funktion $A = \chi(E)$, Umkehrfunktion und Grundlage der Kostenfunktion ist die Funktion $E = \psi(A)$. Da die mathematisch-funktionale Darstellung die verbale Beschreibung des Sachverhaltes lediglich ersetzt, muß die Aussage des Ertragsgesetzes Inhalt der Ausgangsfunktion werden. Nur unter dieser Voraussetzung kann die Inversion der Ausgangsfunktion letztlich zur ertragsgesetzlichen Kostenaussage führen. Die Aufstellung der Ausgangsfunktion, die Ableitung der Umkehrfunktion und die Umformung dieser Funktion zur Kostenfunktion sollen unter diesem Gesichtswinkel näher untersucht werden. Grundlage ist hierbei das von Turgot für die Feldproduktion beschriebene und im ersten Teil dieser Arbeit determinierte Bodenertragsgesetz engerer Fassung, dessen Bestätigungsgrad nicht geringer eingeschätzt werden muß, als der Bestätigungsgrad der Grundfassung.

a) Die Produktionsfunktion als Ausgangsfunktion

Die Funktion, die den Beziehungszusammenhang zwischen dem Einsatz und der Ausbringung eines Produktionsprozesses in der Betrachtungsrichtung des Ertragsgesetzes wiedergibt, wird allgemein als *Produktionsfunktion* bezeichnet. In aller Regel bezieht sich die Produktionsfunktion auf die rein mengenmäßige Abhängigkeit der Ausbringung vom Einsatz, so daß alle sonstigen möglicherweise auftretenden Veränderungen, wie beispielsweise Qualitätsveränderungen, sowohl auf der Seite des Einsatzes als auch auf der Seite der Ausbringung zu einer neuen Produktionsfunktion führen müssen[2]. Unter Verwendung des Begriffes Ausbringung bzw. Einsatz kann die sich auf Mengen beziehende Produktionsfunktion auch als Ausbringungsmengenfunktion und die Umkehrfunktion als Einsatzmengenfunktion bezeichnet werden.

Wenn zur Produktion eines Gutes (A) n Einsatzgüter ($E_1, E_2, \ldots, E_n$) erforderlich sind, die Menge des Ausbringungsgutes mit a und die Mengen der Einsatzgüter mit $e_1, e_2, \ldots, e_n$ bezeichnet werden, so läßt sich die Produktionsfunktion durch die folgende allgemeine Funktionsgleichung symbolisieren:

$$a = \omega\,(e_1, e_2, \ldots, e_n).$$

Mit dieser Schreibweise soll zum Ausdruck gebracht werden, daß am Produktionsprozeß mehrere Einsatzgüter beteiligt sind, daß die Ausbrin-

[2] Auf hiervon abweichende Interpretationen verweist Laßmann [Produktionsfunktion] 18 f.

gungsmenge und die Einsatzmengen dieses Produktionsprozesses in einer bestimmten Beziehung zueinander stehen und daß die Ausbringung vom Einsatz abhängig ist. Die Art der Abhängigkeit bleibt dabei zunächst unbestimmt, so daß die Funktion unabhängig von irgendwelchen näheren Voraussetzungen besteht. Diese allgemeine Produktionsfunktion wird zur *speziellen Produktionsfunktion* vom Typ des Bodenertragsgesetzes engerer Fassung, wenn der im ersten Teil dieser Arbeit determinierte Inhalt der Einsatzbedingungen und der Behauptung Berücksichtigung findet. Wie angedeutet, wird die nähere Bestimmung der Produktionsfunktion zur Voraussetzung, wenn die Inversion der Produktionsfunktion tatsächlich die aus der engeren Fassung des Bodenertragsgesetzes abgeleitete Kostenaussage zum Inhalt haben soll. Nur für diese Kostenaussage gilt dann in gleicher Weise wie für die engere Fassung des Bodenertragsgesetzes, daß ihr Bestätigungsgrad nicht geringer eingeschätzt werden muß als der Bestätigungsgrad der in gewissem Umfang auch bestätigten Grundfassung des Bodenertragsgesetzes.

Ein vielfach unbeachtetes Problem grundsätzlicher Art ist die Frage, welcher *Inhalt* den Veränderlichen einer Produktionsfunktion gegeben werden muß, damit der Beziehungszusammenhang zwischen der Einsatzseite und Ausbringungsseite zutreffend wiedergegeben werden kann. Während diese Frage für die abhängige Veränderliche der Funktion ohne weiteres dahingehend zu beantworten ist, daß die aus dem Produktionsprozeß hervorgehende Produktmenge aufzunehmen ist, wird es bei der Einsatzseite vielfach für strittig gehalten, ob die bereitgestellten oder die eingesetzten Mengen der Einsatzgüter als unabhängige Veränderliche in die Produktionsfunktion eingehen müssen. Bei Einsatzgütern, die beliebig teilbar sind, wie etwa die Düngemittel, besteht kein Zweifel darüber, daß für die Funktion nicht die bereitgestellten Düngemittelmengen, sondern die im Produktionsprozeß *eingesetzten* Düngemittelmengen bedeutsam sind, da nur letztere in Beziehung zur Ausbringung stehen. Problematisch wird die Beantwortung dieser Frage jedoch bei Einsatzgütern, die ein gewisses Leistungspotential darstellen, selbst unteilbar sind, von diesem Leistungspotential jedoch Teilmengen abgeben, wie etwa Maschinen und Geräte und der im Rahmen des Bodenertragsgesetzes als unteilbar behandelte Boden. Auch hier kann für die Produktionsfunktion nicht das bereitgestellte Leistungspotential, also etwa die Anzahl bestimmter Maschinen und Geräte, relevant sein, sondern lediglich die im Produktionsprozeß effektiv abgegebene Menge des Leistungspotentiales, also die *eingesetzte*, nicht aber die bereitgestellte Menge. Das gleiche muß für die menschliche Arbeit gelten, die überhaupt nur abstrahiert vom Leistungspotentialträger, dem Menschen, der als Person nie Gut sein kann, Gutscharakter trägt. Auch hier ist für die Produktionsfunktion nicht das bereitstehende Leistungspotential, sondern dessen Leistungs*abgabe* im Rahmen des Produktionsprozesses relevante Einsatzgröße. Diese inhaltliche Interpretation der unabhängigen Veränderlichen findet sich bei Gutenberg[3] bestätigt, der hervorhebt: „In die Produktionsfunktion gehen nicht die Faktorbestände, sondern die Faktoreinsatzmengen (die abgegebenen Faktorleistungen) ein."

Laßmann[4] meldet gegen den in dieser Weise interpretierten Inhalt der Funktionsgrößen Bedenken an, da er keine praktikable Möglichkeit sieht, die eingesetzten Leistungsmengen der Potentialgüter in der Produktionsfunktion näher zu bestimmen. Werden nämlich die eingesetzten Mengen der Leistungspotentiale als Größen der Funktion behandelt, so bleiben für die mengenmäßige Variation drei Möglichkeiten offen: Das Potentialgut kann — jeweils gleichwertige Leistungsmengen vorausgesetzt — *längere Zeit* im Produktionsprozeß genutzt werden, es kann bei konstanter Leistungszeit *intensiver* genutzt werden und damit mehr Leistungsmengen abgeben, und es kann schließlich bei konstanter Leistungszeit und Leistungsintensität selbst *vervielfacht* werden. Wie Laßmann hervorhebt, liegt der Vorteil der Erfassung von Leistungsabgaben darin, daß die Beziehung zwischen Einsatz und Ausbringung eindeutig wird und damit die Frage, „von welchen Leistungspotentialen mit welcher Intensität gleichartige Leistungsabgaben stammen, vom Mengenmäßigen her betrachtet ohne Bedeutung (ist)". Der Nachteil liegt ohne Frage in der Schwierigkeit der Konkretisierung. Laßmann schlägt deshalb vor, von einer konstanten Leistungsintensität der Potentialgüter auszugehen und die eingesetzten Leistungspotentialmengen dann durch den Leistungsträger selbst zu kennzeichnen, etwa: „Eine Maschine mit 100 Touren pro Minute wird während eines Monats beschäftigt."

Eine gewisse Einengung der aufgezeigten Möglichkeiten ergibt sich für den unmittelbar variierten Einsatz des Bodenertragsgesetzes engerer Fassung in der von Laßmann angedeuteten Richtung dadurch, daß als wesentliche Bedingung die *zeitliche Wirkungsindifferenz* des Einsatzes beachtet werden muß. Wenn beispielsweise bei einer einfachen Feldbearbeitung ein Arbeiter einen Tag beschäftigt wird und die zwanzigfache Bearbeitung dadurch erreicht werden soll, daß ein Arbeiter 20 Tage arbeitet, so ist die zeitliche Wirkungsindifferenz des Einsatzes wahrscheinlich nicht mehr gewahrt, da das Wachstumsstadium der in die alternativen Kombinationen eingehenden Pflanzen ertragswirksame Unterschiede aufweisen wird. Der Vermehrung des Einsatzes über die Verlängerung der Einsatzzeit (temporale Variation[5]) werden also unter diesem Gesichtspunkt vielfach Grenzen gezogen sein. Die zweite

---

[3] Gutenberg [Betriebswirtschaftslehre] 217.
[4] Laßmann [Produktionsfunktion] 22—28.
[5] Begriffsbildung nach Kosiol [Kostenlehre] 2018.

Möglichkeit, die Intensivierung der Leistungsabgabe bei konstanter Einsatzzeit vorzunehmen (intensitive Variation[5]), bleibt der Art dieser Variationsform entsprechend im allgemeinen auf eine sehr enge Variationsbreite begrenzt. Damit rückt für den unmittelbar variierten Einsatz des Bodenertragsgesetzes, soweit er aus Potentialeinsatzgütern besteht, die Veränderung des Leistungspotentialeinsatzes durch eine mengenmäßige Variation der Leistungspotentialträger bei konstanter Leistungszeit und Leistungsintensität (dimensionale Variation[5]) in den Vordergrund, die Laßmann für die Produktionsfunktion ausschließlich gelten lassen will. Hierin kann Laßmann nicht gefolgt werden, denn im vorliegenden Zusammenhang rechtfertigt die formale Schwierigkeit, die Leistungspotentialmengen in jedem Falle eindeutig zu bestimmen, allein nicht die Einengung auf eine Variationsform. Beim Einsatz von Leistungsträgern bleibt für die Produktionsfunktion die *eingesetzte* Menge des Leistungspotentiales bestimmend, und es ist daher vorerst grundsätzlich gleichgültig, auf welchem Wege die mengenmäßige Variation erreicht wird. Die intensive und die temporale Variationsform lassen sich demzufolge für den unmittelbar variierten Einsatz nicht ohne weiteres ausschließen.

Mit der Bedingung, die im Produktionsprozeß eingesetzten Mengen der Einsatzgüter als relevante Größen zu behandeln, wird besonders deutlich, daß es sich hierbei um die Einsatzmengen einzelner, sehr spezieller Güterarten handelt, nicht aber um summarische Produktionsfaktoren wie beispielsweise Arbeit und Kapital. Selbständige unabhängige Veränderliche der Funktion sind die Einsatzmengen jeder *unterschiedlich wirksamen* Güterart, also jedes in diesem Sinne verschiedenartig wirkenden Düngemittels, jedes verschiedenartig wirkenden Gerätes und jeder verschiedenartig wirkenden Arbeitsleistung. Somit sind auch Güter, die sich qualitativ unterscheiden, getrennt in die Funktion aufzunehmen und bei einem Qualitätswechsel funktionsändernd auszutauschen. Eine formal-mathematische Zusammenfassung von Einsatzmengen differenter Einsatzgüter zu einem Funktionsglied ist demzufolge nur dann möglich, wenn sich die summarische Behandlung im Hinblick auf weitere Ableitungen und Folgerungen auch inhaltlich vertreten läßt.

Die für die Produktionsfunktion relevanten Einsatzmengen, deren Veränderungen im Rahmen der bodenertragsgesetzlichen Betrachtung engerer Fassung die Veränderung der Ausbringungsmenge bestimmen, sind die unmittelbar variierte Einsatzmenge (e_{uv}), die mittelbar variierte Einsatzmenge des konstant bereitgestellten Bodenpotentiales (e_{mvB}) und die mittelbar variierte Einsatzmenge des mit der Saat konstant bereitgestellten Pflanzenpotentiales (e_{mvP}). Hieraus ergibt sich die Produktionsfunktion

$$a = h\,(e_{uv}, e_{mvB}, e_{mvP})$$ [6].

Während die unmittelbar variierte Einsatzmenge eine unabhängige Veränderliche der Funktion ist, verändern sich die mittelbar variierten Einsatzmengen in Abhängigkeit von der unmittelbar variierten Einsatzmenge, vom Boden- und Pflanzenpotential, von der Bestellarbeit (BA) und sehr wahrscheinlich in Abhängigkeit von vielfältigen sonstigen Einflußgrößen (S):

$$e_{mvB} = i\,(e_{uv}, B, P, BA, S)$$
$$e_{mvP} = j\,(e_{uv}, B, P, BA, S).$$

Da die Größen B, P, BA den bestellten Boden und damit die konstante Einsatzgütergruppe darstellen und auch die sonstigen Einflüsse S im Rahmen der ertragsgesetzlichen Betrachtung konstant gehalten werden müssen, sind die mittelbar variierten Einsatzmengen ausschließlich eine Funktion der unmittelbar variierten Einsatzmenge. Demzufolge läßt sich die Ausbringungsmenge allein als Funktion des unmittelbar variierten Einsatzes auffassen, so daß die *Produktionsfunktion vom Typ des Bodenertragsgesetzes engerer Fassung*

$$a = f\,(e_{uv})$$

geschrieben werden kann. Bei dieser Schreibweise darf jedoch niemals übersehen werden, daß dieser Produktionsfunktion die oben herausgearbeiteten Beziehungszusammenhänge und Bedingungen

$$e_{mvB} = i\,(e_{uv}, B, P, BA, S)$$
$$e_{mvP} = j\,(e_{uv}, B, P, BA, S)$$
$$B, P, BA, S = \text{const.}$$

als *Nebenbedingungen* zugrunde liegen.

Weitere Nebenbedingungen ergeben sich aus der engeren Fassung des Bodenertragsgesetzes für den unmittelbar variierten Einsatz, dessen Einsatzmenge als unabhängige Veränderliche in die Funktion eingeht. Hiernach muß das unmittelbar variierte Einsatzgut mit der konstant bereitgestellten Einsatzgütergruppe in *unterschiedlichen Einsatzmengen* ausbringungswirksam kombinierbar sein. Unbeachtlich ist dabei, ob die Wirksamkeit im Vergleich zur vorhergehenden Einsatzmenge ausbringungsvermehrend oder ausbringungsvermindernd ausfällt. Die unmittelbar variierte Einsatzmenge muß in *hinreichend kleinen Quanten* variiert werden können, und der konstante Einsatz muß von den Wirkstoffen des unmittelbar variierten Einsatzes weitgehend frei sein, damit

[6] Am Ende der Wachstumsperiode ist die bereitgestellte Menge des Pflanzenpotentiales in jedem Falle voll absorbiert und damit in vollem Umfange eingesetzt (vgl. S. 23). Für die Produktionsfunktion sind jedoch die technischen, unmittelbaren Beziehungen bedeutsam (Production functions are descriptive of techniques or systems of organization of productive services, and they are therefore taken from disciplines such as engineering and industrial chemistry: to the economic theorist they are data of analysis. Stigler [Theory] 109—110.). Vgl. auch S. 71.

der zunehmende Ausbringungszuwachs nicht überdeckt wird. Eine Einsatzveränderung in unendlich kleinen Quanten ist dagegen nicht erforderlich, denn das Bodenertragsgesetz beschreibt die Ausbringungsveränderung ausdrücklich in Abhängigkeit von endlichen Zuwachsraten des Einsatzes[7]. Wenn die Funktion $a = f(e_{uv})$ als kontinuierliche Funktion behandelt wird, trägt sie in graphischer Darstellung lediglich den Charakter einer Hüllkurve.

Besteht der unmittelbar variierte Einsatz aus Einsatzmengen mehrerer Einsatzgüter, so ist Bedingung, daß die Einsatzgüter in *unveränderter Mengenrelation* variiert werden[8]. Die Einsatzmengen der unterschiedlichen Einsatzgüter können unter diesen Umständen wie die Einsatzmenge eines einzigen Einsatzgutes behandelt werden. Die Bedingung unveränderter Mengenrelation gilt in gleicher Weise auch für die Ausbringung. Mehrere Ausbringungsgüter können im Rahmen des Bodenertragsgesetzes engerer Fassung nur dann gemeinsam betrachtet werden, wenn sich ihre Mengen in Abhängigkeit von den Einsatzveränderungen in gleichbleibender Relation ändern[9]. Auch hier lassen sich die Mengen unterschiedlicher Güter als Menge eines einzigen Gutes auffassen. Die Funktion $a = f(e_{uv})$ gilt demzufolge unverändert auch dann als Produktionsfunktion des Bodenertragsgesetzes engerer Fassung, wenn unter Wahrung der herausgearbeiteten Bedingungen mehrere unmittelbar variierte Einsatzgüter an der Produktion beteiligt sind und mehrere Ausbringungsgüter aus der Produktion hervorgehen.

Für den unmittelbar variierten Einsatz ist ferner Bedingung, daß seine unterschiedlichen Mengen mit der konstanten Einsatzgütergruppe *zeitlich wirkungsindifferent* kombiniert werden. Diese Bedingung der zeitlichen Wirkungsindifferenz muß auch für den Ablauf der alternativen Produktionsprozesse gelten, die mit der Bodenbearbeitung beginnen und für das Bodenertragsgesetz engerer Fassung mit der Erntereife der Produkte enden[10]. Damit ist die *Wachstumsperiode* konstanter Produktionszeitraum für sämtliche alternativen Produktionsprozesse und darüber hinaus für sämtliche Ausbringungseinheiten, die der besonderen Form der Feldproduktion zufolge *simultan* heranreifen. Die Beziehung zwischen den Einsatz- und Ausbringungsveränderungen läßt sich demzufolge zutreffend durch die zeitlose Funktion $a = f(e_{uv})$ wiedergeben. Für die vielfach aus dieser zeitlosen Funktion abgeleitete Bedingung der Momentanproduktion, nämlich der Bedingung, „daß das Produkt unmittelbar mit dem Einsatz der Produktionsmittel erscheint, die Ablaufsgeschwindigkeit des Produktionsprozesses also unendlich groß ist“[11], besteht im

[7] Vgl. S. 35—36.
[8] Vgl. S. 33—34.
[9] Vgl. S. 39.
[10] Vgl. S. 26 und S. 37.
[11] Schneider [Produktion] 2.

Rahmen der bodenertragsgesetzlichen Betrachtung keine Notwendigkeit. Hervorzuheben ist in diesem Zusammenhang weiterhin, daß die Wachstumsperiode auch gleichzeitig die *Beobachtungsperiode* des Bodenertragsgesetzes ist. Das ergibt sich daraus, daß nicht nur der Boden, sondern der bestellte Boden konstant ist, der mit der Neusaat für die nächste Periode zwangsläufig seine Konstanz verliert. Eine Ausdehnung des Beobachtungsabschnittes auf mehrere Wachstumsperioden ist demzufolge zumindest im Rahmen der bodenertragsgesetzlichen Betrachtung engerer Fassung nicht statthaft[12].

Die Produktionsfunktion vom Typ des Bodenertragsgesetzes engerer Fassung, $a = f(e_{uv})$, wird graphisch durch eine S-förmige Kurve dargestellt. Wie bereits betont wurde, ergibt sich diese Verlaufsform nicht notwendigerweise aus dem Beziehungszusammenhang[13], sondern nur dann, wenn sie, wie auch in dieser Untersuchung, *als Datum vorgegeben* worden ist. Nur unter dieser Voraussetzung ist die allgemein anzutreffende Aussage, daß die Ausbringungs- oder Ertragsfunktion einen S-förmigen Kurvenzug darstellt, korrekt. Wie die Abbildung 8 zeigt, entspricht jedem Wert von e_{uv} jeweils ein und nur ein Wert von a. Damit kann die Funktion $a = f(e_{uv})$, für die dieser Kurvenzug graphischer Ausdruck ist, als *eindeutig* bezeichnet werden.

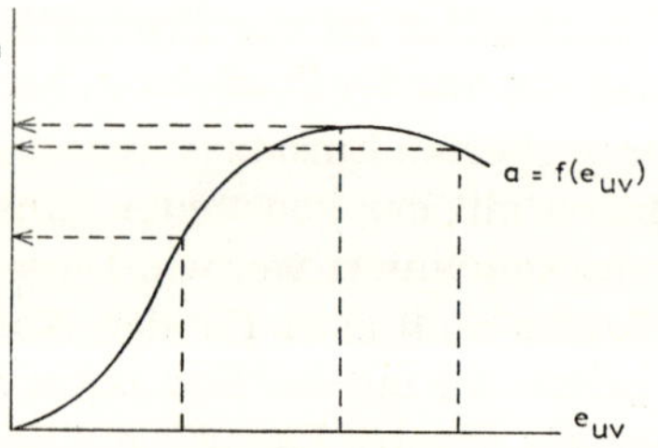

Abbildung 8

b) Die Einsatzmengenfunktion als Umkehrfunktion

Mit der bisherigen Betrachtung des Beziehungszusammenhanges zwischen Einsatz und Ausbringung wurde die Veränderung der Ausbringung in Abhängigkeit von der Veränderung des Einsatzes verfolgt. Wenn als erster Schritt zur Ableitung der ertragsgesetzlichen Kostenaussage nunmehr die Veränderung des Einsatzes auf die Veränderung der Ausbringung bezogen wird, dann geht in mathematisch-funktionaler Darstellung die Produktionsfunktion $a = f(e_{uv})$ in die *Einsatzmengenfunktion* $e_{uv} = g(a)$ über. Mit dieser Umkehrung der Funktion wird die unmittel-

---

[12] Vgl. hierzu Koch [Gültigkeitsbereich] 316.

[13] Vgl. S. 48—50.

bar variierte Einsatzmenge zur abhängigen Veränderlichen und die Ausbringungsmenge zur unabhängigen Veränderlichen. Graphisch ergibt sich die Einsatzmengenfunktion durch Spiegelung der Produktionsfunktion an der Winkelhalbierenden. Auf der Ordinate steht somit die unmittelbar variierte Einsatzmenge und auf der Abszisse die veränderte Ausbringungsmenge. Diese Inversion ist nur möglich, weil der Beziehungszusammenhang zwischen Einsatz und Ausbringung unverändert bleibt, lediglich die Betrachtungsrichtung wechselt. Wie die Abbildung 9 zeigt, ist die Einsatzmengenfunktion im Gegensatz zur Produktionsfunktion keine eindeutige, sondern eine *doppeldeutige* Funktion. Jedem Wert der unabhängigen Veränderlichen a entsprechen zwei unterschiedliche Werte der abhängigen Veränderlichen e_{uv}, wenn die Kurve bis zum Schnittpunkt mit der Ordinate verlängert wird. Die einzige Ausnahme ergibt sich für den Wert a_{max}, dem nur ein Wert von e_{uv} zugeordnet werden kann.

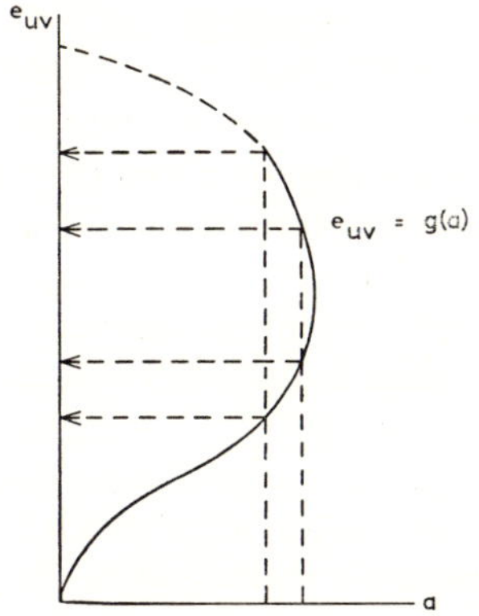

Abbildung 9

Die Schwierigkeiten, die sich im vorliegenden Zusammenhang aus der Doppeldeutigkeit der Einsatzmengenfunktion ergeben, lassen sich durch *Begrenzung* der Funktion auf einen ihrer beiden eindeutigen Funktionsabschnitte umgehen. Unter wirtschaftlichem Gesichtspunkt ist für die Einsatzmengenfunktion und die Produktionsfunktion nur der Bereich von Interesse, der sich für die von 0 bis a_{max} wachsende Ausbringung ergibt[14]. Wie die graphische Darstellung der Produktionsfunktion zeigt, führt eine darüber hinausgehende Vermehrung von e_{uv} zu einer rückläufigen Ausbringung, auf deren nähere Erörterung verzichtet werden kann. Werden die Funktionen auf den genannten Bereich begrenzt, so wird auch die Einsatzmengenfunktion zu einer *eindeutigen* Funktion,

[14] Vgl. hierzu auch die Darstellung der Kostenkurve bei Kosiol [Kostenrechnung] 627.

da die Produktionsfunktion dieses Bereiches eine monoton wachsende Funktion darstellt (Abbildung 10). Mit dieser begrenzenden Bedingung, die für die weitere Analyse gelten soll, besagt das Ertragsgesetz in konträrer Betrachtungsrichtung, daß der unmittelbar variierte Einsatz bis zu einer bestimmten Ausbringungsmenge in abnehmendem und danach in zunehmendem Verhältnis zur Veränderung der Ausbringungsmenge steigt.

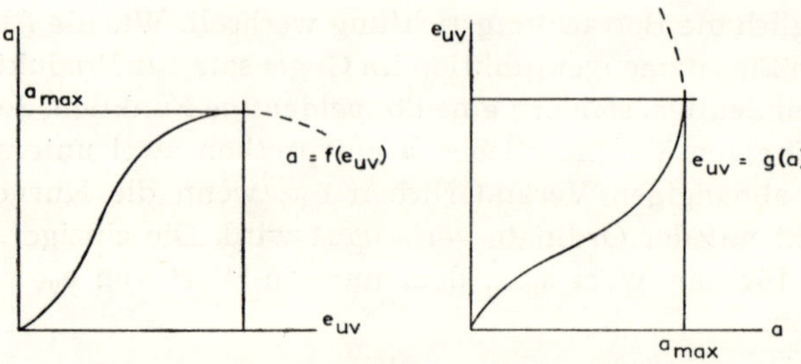

Abbildung 10

Die aus der begrenzten Produktionsfunktion abgeleitete und allgemein auch nur innerhalb des abgegrenzten Gültigkeitsbereiches betrachtete eindeutige Einsatzmengenfunktion wird vielfach als nicht eindeutige Funktion bezeichnet. Es wird hierbei argumentiert, daß zwar mit einer gegebenen Einsatzgüterkombination nur eine bestimmte Ausbringungsmenge erzeugt werden könne, daß sich aber eine bestimmte Ausbringungsmenge mit mengenmäßig verschieden zusammengesetzten Einsatzgütern produzieren ließe. Aus diesem Grunde ist dann, wie gefolgert wird, „wenn man die Kostenfunktion als Umkehrung zur Ertragsfunktion auffaßt, ein Zusatz zu machen etwa der Art, daß es sich bei den Kosten immer um eine Minimalkombination handeln solle“[15]. Anlaß für diesen Zusatz ist nicht die oben behandelte Doppeldeutigkeit der Einsatzfunktion, sondern die Überlegung, daß jedem a eine Vielzahl von e_{uv}-Werten zugeordnet werden kann, deren Zahl sich nach den *praktisch möglichen* Kombinationen richtet. Es ist offensichtlich, daß derartige Variationsmöglichkeiten immer dann absolut ausgeschlossen sind, wenn die Einsatzmengenfunktion aus einer gegebenen Produktionsfunktion durch *Inversion* gewonnen wird, denn die Inversion besagt ja doch, daß lediglich die *Betrachtungsrichtung* wechselt, der Beziehungszusammenhang selbst aber völlig unverändert bleibt. Soll die Bedingung der Minimalkombination für die Einsatzfunktion gelten, so müßte sie auch für die Produktionsfunktion, hier vom Typ des Bodenertragsgesetzes engerer Fassung, eingeführt werden. Sie kann jedoch keinesfalls als *zusätzliche* Bedingung der Inversion auftreten. *Waffenschmidt*[16]

---

[15] Gutenberg [Kostenkurven] 33—34.
[16] Waffenschmidt [Kostenkurven] 273.

sagt hierzu sehr deutlich: „Ertragsgesetz ist identisch mit Kostengesetz, nur eben ist das eine die inverse Form des anderen." Inwieweit die Bedingung der Minimalkostenkombination mit dem Ertragsgesetz und insbesondere mit dem Bodenertragsgesetz engerer Fassung verträglich ist, soll an einer späteren Stelle untersucht werden (vgl. Abschnitt II 4 c).

2. Die formal wertmäßige Betrachtung

Die Umkehrung der Ausbringungsmengen- oder Produktionsfunktion hat zur Einsatzmengenfunktion geführt. Der nächste Schritt zur Kostenfunktion besteht in der *Bewertung* der inbezug auf die produzierende Wirtschaftseinheit als verbraucht anzusehenden Einsatzgütermengen[17]. Für die aus dem Bodenertragsgesetz engerer Fassung abgeleitete Kostenfunktion darf der Übergang von der mengenmäßigen zur wertmäßigen Betrachtung nur insoweit vollzogen werden, als die Mengenbindungen in unveränderter Form Grundlage bleiben. Die in diesem Rahmen mögliche wertmäßige Behandlung des Einsatzes und der Einsatzvariation kann demzufolge nur darin bestehen, die Mengen nicht mehr mit Mengengrößen, sondern mit Wertgrößen zu bezeichnen, also lediglich einen rein formalen Wechsel der *Bezeichnungsweise* vorzunehmen[18]. Ist die Einsatzgütereinheit für ein bestimmtes Düngemittel beispielsweise 1 kg, so tritt bei der wertmäßigen Betrachtung das Produkt aus Menge und Preis (Preis = Wert je Mengeneinheit) an die Stelle des Mengenausdruckes. Die Einsatzgütereinheit wird dann nicht mehr mit 1 kg, sondern etwa mit DM —,50 beziffert. Wenn nun mit diesem Wert statt mit der Menge operiert werden soll, dann ist die wertmäßige Variation nur dann mit einer reinen Mengenvariation identisch, wenn für die Bewertung konstante Preise verwendet werden. Damit tritt beim Übergang von der mengenmäßigen zur wertmäßigen Betrachtung die zusätzliche Bedingung auf, die alternativen Mengen mit *konstanten Preisen* zu multiplizieren.

In den Fällen, in denen der unmittelbar variierte Gütereinsatz aus mehreren Güterarten besteht, ergibt sich mit der Bewertung ein *einheitlicher Ausdruck* für den heterogenen Komplex. Eine unmittelbar variierte Einsatzgütergruppe, deren Mengeneinheit sich beispielsweise aus 1 Stunde Arbeit bestimmter Art und Intensität und aus 20 kg Düngemittel zusammensetzt, wird bei einem Wert von DM 1,50 je Arbeitsstunde und DM —,50 je kg Düngemittel vereinfacht mit dem Wert DM 11,50 gekennzeichnet. Da die Mengenrelation innerhalb der Varia-

---

17 Vgl. die Zusammenstellung der Termini auf S. 17—18.

18 Carell sieht in der Bewertung der Einsatzgüter ebenfalls nur „eine wertmäßige ‚Illustrierung' des Ertragsgesetzes" und hält eine wertmäßige Fassung im echten Sinne für unmöglich. Carell [Kostentheorie] 397.

tionseinheit den Bedingungen des Bodenertragsgesetzes engerer Fassung zufolge nicht verändert werden darf und die Preise ebenfalls konstant gehalten werden müssen, ist die rein mengenmäßige Variation gewährleistet, wenn die Variation wertmäßig durchgeführt wird. Der Übergang zur wertmäßigen Betrachtung ist insoweit als *rein formaler* Akt aufzufassen, durch den die Mengenbindungen nicht aufgehoben werden.

Mit der Bewertung des unmittelbar variierten Einsatzes sind für diese Gütergruppe die betriebswirtschaftlich im allgemeinen hervorgehobenen Merkmale des Kostenbegriffes erfüllt. Die Mengen werden im Produktionsprozeß eingesetzt und bewertet und sind auch als Verbrauch der produzierenden Wirtschaftseinheit aufzufassen. Sie stellen damit für diese Wirtschaftseinheit bewerteten Güterverbrauch zum Zwecke der Leistungserstellung dar[19]. Diese Umformung der unmittelbar variierten Einsatzmengen zu Kosten soll in funktionaler Darstellung durch den Übergang von der Einsatzmengenfunktion $e_{uv} = g(a)$ zur *Kostenfunktion* $k_{uv} = g_I(a)$ ausgedrückt werden. k_{uv} sind hierbei die unmittelbar variierten Einsatzgütermengen, die, multipliziert mit ihren Preisen, durch die Inversion zur abhängigen Veränderlichen wurden. Unter den gleichen Voraussetzungen, die sich für die wertmäßige Betrachtung des auf die produzierende Wirtschaftseinheit bezogenen Einsatzes ergaben, kann auch die Ausbringung des Produktionsprozesses auf die produzierende Wirtschaftseinheit bezogen und bewertet werden. Für diesen Tatbestand wird in der Betriebswirtschaftslehre der Leistungsbegriff verwendet, der dem Kostenbegriff als Gegenbegriff gegenübersteht[20]. Die Kostenfunktion $k_{uv} = g_I(a)$ kann in diesem Falle $k_{uv} = g_{II}(l)$ geschrieben werden und hat dann die Behauptung zum Inhalt, daß für eine Wirtschaftseinheit die unmittelbar variierten Kosten anfangs in abnehmendem und schließlich in zunehmendem Verhältnis zur Veränderung der hervorgebrachten Leistung steigen.

In der *graphischen Darstellung* bleibt die Einsatzmengenfunktion $e_{uv} = g(a)$ vom Bewertungsakt völlig unberührt, wenn für die bewerteten Variationseinheiten jeweils die gleichen Abtragungslängen verwendet werden, die der reinen Mengendarstellung dienten. Wird im obigen Beispiel für die mengenmäßige Variationseinheit die Abtragungslänge 1 cm verwendet, so ändert sich nichts am Verlauf der Kurve, wenn diese Abtragungslänge anstelle der Bezeichnung „1 Arbeitsstunde und 20 kg Düngemittel“ für die Kostenfunktion die Bezeichnung „DM 11,50“ annimmt. Für die Aufrechterhaltung einer unveränderten Kurve ist es also keineswegs erforderlich, daß der Preis gleich 1 ist, wie *Schneider*[21] behauptet. Ein flacherer oder steilerer Verlauf der Kurve kann sich dagegen

---

[19] Vgl. hierzu Kosiol [Kostenbegriff] insbesondere 11.

[20] Vgl. hierzu Kosiol [Kostenbegriff] 23, in Verbindung mit Kosiol [Leistungen] 9.

[21] Schneider [Wirtschaftstheorie] 114.

immer dann ergeben, wenn auch die Ausbringung der wertmäßigen Darstellung unterliegt und von der damit entstandenen Möglichkeit Gebrauch gemacht wird, den Abtragungseinheiten auf beiden Achsen eine gemeinsame Maßgröße, die Werteinheit, zugrunde zu legen. Für diese Kostenfunktion $k_{uv} = g_{II}(l)$ gewinnt die Winkelhalbierende dadurch besondere Bedeutung, daß sie zum geometrischen Ort aller Punkte wird, die durch den Sachverhalt Kosten = Leistung gekennzeichnet sind. Der erwähnte flachere oder steilere Anstieg der Kurve ist die einzige Wirkung, die von der Bewertung der alternativen Mengen mit konstanten Preisen auf den Kurvenverlauf ausgehen kann. Die kritischen Werte der Kurve bleiben nach wie vor allein von den Einsatz- und Ausbringungsmengen bestimmt.

Als wesentliche Bedingung für die Bewertung der Mengen wurde die Konstanz der verwendeten Preise hervorgehoben. *Preisänderungen* in der Realität, gleich welchen Ursprunges dürfen demzufolge nicht zu einer unterschiedlichen Bewertung der alternativen Menge führen. Es ist dagegen von *Mellerowicz* die Auffassung vertreten worden, daß zwar Lohnerhöhungen der Landarbeiter im Rahmen des Ertragsgesetzes außer Betracht bleiben müßten, daß es aber falsch sei, „bei der Betrachtung eines Betriebes erhöhte Löhne für Nachtarbeit oder Überstunden aus dem Bereich des Ertragsgesetzes zu eliminieren, denn in ihnen kommen ja gerade die veränderten Produktionsbedingungen zum Ausdruck, die durch die Erfahrungsregel erfaßt werden müssen“[22]. Mellerowicz geht dann auf Gutenberg ein und fährt fort: „Indem Gutenberg auch diese Einflüsse ausschalten will, eliminiert er nicht nur die Einflüsse, die aus der Marktseite herrühren, sondern auch diejenigen, die eine Folge der veränderten technischen Produktionsbedingungen sind. Damit schaltet er hier dieses Gesetz selbst aus, indem er es zu erklären versucht.“ Mellerowicz beachtet hierbei offensichtlich nicht, daß das Ertragsgesetz in seiner Grundfassung eindeutig nur *Mengenbeziehungen* zum Inhalt hat und den S-förmigen Ausbringungsverlauf allein auf eine mengenmäßige Einsatzänderung zurückführt. Wenn dieser Konzeption zufolge Preisänderungen, selbst als Folge veränderter Produktionsbedingungen, aus der Betrachtung ausgeschlossen bleiben, kann also auch nicht behauptet werden, daß damit das Ertragsgesetz selbst ausgeschaltet wird. Es muß vielmehr umgekehrt festgestellt werden, daß jeder Versuch, den ertragsgesetzlichen Kurvenverlauf unter Einbeziehung von Preisänderungen, gleich welcher Art, zu erklären, an der Problematik des Ertragsgesetzes vorbeigeht.

Der gegen Mellerowicz vorgebrachte Einwand richtet sich auch gegen *Kühn*[23], der ebenfalls die mit der Ausbringungsänderung verbundenen

[22] Mellerowicz [Kostenkurven] 343—344.
[23] Kühn [Kostenverlauf] 412.

Preisänderungen in die ertragsgesetzliche Betrachtung einbeziehen will. Kühn glaubt bei Gutenberg insofern einen Widerspruch aufzudecken, als Gutenberg einerseits ausführt, „es kann keinem Zweifel unterliegen, daß Überstunden und damit die Zuschläge mit starker Beschäftigung des Betriebes in unmittelbarem Zusammenhang stehen“[24] und andererseits nicht die Folgerung hieraus zieht, den Einfluß von Preisänderungen im Rahmen des Ertragsgesetzes zu berücksichtigen. Hierin liegt jedoch keine Inkonsequenz, denn die Feststellung realer Zusammenhänge liegt auf einer völlig anderen Ebene als die Frage nach ihrer Verträglichkeit mit dem Ertragsgesetz.

Mit dem Übergang zur wertmäßigen Betrachtung wird es möglich, neben dem unmittelbar variierten Einsatz auch solche Gütereinsätze einzubeziehen, die inbezug auf die unterschiedlichen Ausbringungsmengen konstante bzw. *fixe Kosten*[25] darstellen. In graphischer Wiedergabe verschiebt sich hierdurch die Kurve der Kostenfunktion $k_{uv} = g_{II}(l)$ in jedem Punkt um einen konstanten, positiven Ordinatenwert, der vom Wert der fixen Kosten (k_{fix}) bestimmt wird, ohne daß sich am Kurvenzug selbst etwas ändert. Die Kostenfunktion kann in dieser erweiterten Betrachtung $(k_{uv} + k_{fix}) = g_{III}(l)$ geschrieben werden. Im Zusammenhang mit der Behandlung der erweiterten Aussagefähigkeit des Bodenertragsgesetzes engerer Fassung wurde auf diese Kurvenverschiebung und ihre Problematik, bezogen auf die Ausbringungskurve, bereits eingegangen[26]. Für die Kostenaussage ergibt sich darüber hinaus die Frage, ob die allgemein vertretene Ansicht, daß mit der Aufnahme der fixen Kosten der Übergang von der Teilkostenbetrachtung zur Gesamtkostenbetrachtung vollzogen wird, akzeptiert werden kann.

3. Der vermeintliche Übergang von der Teilkostenbetrachtung zur Gesamtkostenbetrachtung

Im vorhergehenden Abschnitt wurde der Kostenbegriff unter betriebswirtschaftlichem Gesichtspunkt als bewerteter Güterverbrauch zum Zwecke der Leistungserstellung definiert und als Ausdruck für bewertete, im Produktionsprozeß einer Wirtschaftseinheit eingesetzte Gütermengen verwendet. Die Übereinstimmung zwischen diesem Inhalt des Kostenbegriffes und dem auf die produzierende Wirtschaftseinheit bezogenen unmittelbar variierten Einsatz erwies sich als so offensichtlich, daß auf eine eingehendere Bestimmung verzichtet werden konnte. Für die nunmehr zu beantwortende Frage, ob der gesamte Gütereinsatz, der im Rahmen der Feldproduktion Kostencharakter trägt, tatsächlich in die

[24] Gutenberg [Kostenkurven] 28.
[25] Vgl. Schmalenbach [Selbstkostenrechnung] 29—31.
[26] Vgl. S. 42.

abgeleitete Kostenaussage einbezogen werden kann, ist diese Definition jedoch nicht ausreichend. Die nähere *Bestimmung des Kostenbegriffes*, die damit notwendig wird, muß sich mit der näheren Bestimmung seiner drei Wesensmerkmale — des Güterverbrauches, der Leistungsbezogenheit und der Bewertung — befassen. Da jede Begriffsbestimmung ohne die Ausrichtung auf einen bestimmten Zweck, für den der Begriff brauchbar sein soll, innerhalb gewisser Grenzen willkürlich ist, soll vorerst dieser *Richtpunkt der Begriffsbildung* festgelegt werden.

Der Wert der ertragsgesetzlichen Kostenaussage kann in der Vorhersage gesehen werden, daß es unter den unterschiedlich großen, unmittelbar variierten Einsatzmengen eine Einsatzmenge geben wird, die in bezug auf die Ausbringung die sparsamste Mittelverwendung darstellt. Es soll somit eine gewisse *Dispositionshilfe* für das Wirtschaftssubjekt gegeben werden, das eine möglichst optimale Ergiebigkeit des Produktionsprozesses zu erreichen versucht. Mit dieser Zwecksetzung stimmt die Ausrichtung des von *Kosiol* determinierten Kostenbegriffes überein, der neben dem volkswirtschaftlichen Ziel, die rational-ökonomische Güterlenkung und optimale Bedarfsdeckung zu ermöglichen, dem Unternehmer als Maßstab dienen soll, „um innerbetrieblich und für die Ergiebigkeit der Unternehmung wirtschaftlich richtig zu handeln“[27]. Zur Beurteilung der Auffassung, daß mit der Einbeziehung der fixen Kosten die gesamten Kosten der Leistung erfaßt werden, ist dieser Kostenbegriff demzufolge besonders geeignet. Da Kosiol den in dieser Weise ausgerichteten Kostenbegriff sehr eingehend analysiert hat, kann die für die vorliegende Fragestellung notwendig gewordene nähere Bestimmung des Kostenbegriffes auf eine kurze Wiedergabe der im vorliegenden Zusammenhang wesentlichen Punkte der Analyse beschränkt bleiben.

Im Hinblick auf den Zweck, dem der Kostenbegriff dienen soll, muß das erste Wesensmerkmal, der Güterverbrauch, im weitesten Sinne ausgelegt werden. Es müssen sich mit diesem Merkmal einerseits sämtliche Güterarten und andererseits sämtliche Verbrauchsarten erfassen lassen, die für eine Wirtschaftseinheit relevant sein können. Erst in einem zweiten Schritt ist es sinnvoll, aus diesem Block des Güterverbrauches den Teil zu eliminieren, der in keinem Zusammenhang mit der Leistungserstellung steht und der demzufolge keinen Kostencharakter annehmen kann. Der letzte Akt ist die Bewertung des leistungsbezogenen Güterverbrauches, mit der über die Höhe der gewählten Preise Einfluß auf den Kostenwert genommen wird.

Kosiol geht davon aus, daß Güter werthabende Dinge schlechthin sind, deren betriebswirtschaftliche Werteigenschaft auf ihrer spezifischen Eignung und relativen Seltenheit beruht. Der *Gutsbegriff* umschließt damit nicht nur die Realgüter oder aus dieser Gütergruppe nur die Sachgüter[28],

---

[27] Kosiol [Kostenbegriff] 9.

sondern auch die Nominalgüter, die in einer Geld- und Kreditwirtschaft für die Einzelwirtschaft von gleichgroßer Bedeutung sind. Der *Verbrauchsbegriff* hat nach Kosiol einen Güterverzehr besonderer Art zum Inhalt. Wenn unter Güterverzehr ganz allgemein verstanden wird, daß der spezifische Wertcharakter des Wirtschaftsgutes für die Wirtschaftseinheit untergeht, daß das Wirtschaftsgut einer Transformation unterzogen wird, dann kann dieser Güterverzehr unmittelbar mit einem von außen zufließenden Gegenwert verbunden sein, er kann sich aber auch ohne diese unmittelbare Koppelung vollziehen. Im ersten Falle liegt ein Gütertausch vor, der erfolgsunwirksam ist (z. B. Hingabe von Realgütern gegen Nominalgüter beim Absatz, oder Hingabe von Nominalgütern gegen Realgüter bei der Beschaffung), im zweiten Falle ein Güterverbrauch (z. B. Schleifen einer Welle, die dann ungeschliffen nicht mehr verfügbar ist), für den offen bleibt, ob er in der Endphase des Produktionsprozesses, im Absatz zu einer Wertentstehung führt und welchen Umfang diese annimmt. „Verbrauch bedeutet also einen Güterverzehr, der sich im technisch-ökonomischen Geschehen einer Wirtschaftseinheit ohne einen damit unmittelbar gekoppelten Zufluß von externem Gegenwert und daher erfolgswirksam abspielt[29].“ Mit diesem Begriffsinhalt ist *Güterverbrauch* identisch mit mengenmäßigem, auf eine Wirtschaftseinheit bezogenem Gütereinsatz[30].

Die Einengung dieses umfassenden Güterverbrauchsbegriffes auf den Kostenbegriff wird mithilfe des zweiten Merkmales, der *Leistungsbezogenheit,* durchgeführt. Nur der Güterverbrauch ist nach Kosiol Kosten, der zwangsläufig mit dem Prozeß der Leistungserstellung verbunden ist, wobei es unbeachtlich bleibt, ob diese Bindung eine *unmittelbare* ist oder ob nur ein *mittelbarer* Zusammenhang, wie beispielsweise beim natürlichen Verschleiß von Anlagen, der neben dem technischen Verschleiß eintreten kann, besteht. Als *Leistung* bezeichnet Kosiol jede Güterentstehung im Ablauf des Produktionsprozesses oder „jedes Ergebnis, das bei der Kombination von Produktionsfaktoren als Produkt dieser Transformation hervorgebracht wird“[31]. Leistung kann hiernach jedes Transformationsergebnis der Wirtschaftseinheit, aber auch das einer beliebigen kleineren Abrechnungseinheit, etwa das einer Kostenstelle oder eines Kostenbereiches sein, also sowohl die Endstufe als auch jede Zwischenstufe des Erzeugungsprozesses. Als Leistung kann je nach der Zwecksetzung der Betrachtung die volle Bruttoleistung, die Nettoleistung des Abrechnungsbezirkes, jedes einzelne Ergebnis, aber auch das Periodenergebnis des Transformationsprozesses aufgefaßt werden.

---

28 Diese Auffassung vertritt beispielsweise Littmann [Körperschaftssteuern] 538.

29 Kosiol [Kostenbegriff] 16—17.

30 Vgl. S. 17—18.

31 Kosiol [Kostenbegriff] 23.

Hieraus ergeben sich für den Leistungsumfang vielfältige Begrenzungs- und Ausweitungsmöglichkeiten, denen der Umfang des Güterverbrauches folgen muß. „Kosten sind jeweils nur derjenige Güterverbrauch, der mit der Leistung im Zusammenhang steht, die zum Gegenstand der Überlegung oder Rechnung erhoben wird[32]."

Die *Bewertung* des Verbrauches ist nach Kosiol eine multiplikative Verschmelzung der direkt oder u. U. indirekt gemessenen Verbrauchsmengen mit ihren Preisen. Je nach der Zwecksetzung können für die Bewertung *Marktpreise* oder *Betriebspreise* verschiedenster Art verwendet werden. Zur ersten Gruppe gehören frei vereinbarte Preise oder staatlich festgesetzte Preise, die für die Wirtschaftseinheit tatsächlicher Anschaffungspreis oder Tagesbeschaffungspreise sein können, und zur zweiten Gruppe die Durchschnittspreise aller Art, Festpreise und Lenkungspreise. „Durch den Akt der Bewertung werden die im Produktionsprozeß verbrauchten verschiedenartigsten Güter alle in monetäre Größen umgeformt, da die Bewertung einheitlich in der Geldeinheit der geltenden Währung (z. B. in DM) erfolgt... Kosten stellen somit immer den in einen Geldbetrag umgewandelten Güterverbrauch für betriebliche Leistungen dar[33]."

Wenn das Ertragsgesetz dem Wirtschaftssubjekt eine Dispositionshilfe geben soll, dann müssen der Leistung, die der jeweiligen Betrachtung unterliegt, sämtliche Kosten gegenübergestellt werden. Unter *Gesamtkosten* oder Totalkosten ist unter diesem Gesichtspunkt dann der vollzählig erfaßte und bewertete Verbrauch an Real- und Nominalgütern zu verstehen, der mit der Leistung in unmittelbarem oder aber auch nur in mittelbarem Zusammenhang steht. Als Leistung im Rahmen des Bodenertragsgesetzes engerer Fassung ist die bewertete Menge des erntereifen Produktes aufzufassen, die auf einem bestimmten Bodenkomplex innerhalb einer Wachstumsperiode anfällt[34]. Da der Bodenkomplex als Abrechnungsbereich angesehen werden kann und die gesamten Kosten der Leistung dann mit den gesamten Kosten dieses Abrechnungsbereiches in einer Periode identisch sind, hat der oben definierte Gesamtkostenbegriff gleichzeitig den Inhalt, der dem Gesamtkostenbegriff allgemein in der Betriebswirtschaftslehre gegeben wird. Gesamtkosten sind dort die vollzählig erfaßten Kosten eines Betriebes bzw. einer Kostenstelle, die innerhalb eines bestimmten Zeitraumes entstanden sind[35].

Im Rahmen der ertragsgesetzlichen Kostenanalyse, die sich im allgemeinen auf die Abhängigkeit der Kosten von der Leistungsmenge, die

---

32 Kosiol [Kostenbegriff] 24.
33 Kosiol [Kostenbegriff] 29.
34 Vgl. S. 24—25, S. 37 und S. 59.
35 Lehmann [Abhängigkeit] 147, in Verbindung mit Lehmann [Industriekalkulation] 111.

mit der Ausbringungsmenge identisch ist, bezieht, werden unter dem Gesichtspunkt der Kostenabhängigkeit ausschließlich *zwei Kostengruppen* unterschieden, denen sich sämtliche Kosten der Ausbringung zuordnen lassen müssen, wenn die Betrachtung zu einer Gesamtkostenbetrachtung zu erweitern sein soll. Die erste Gruppe setzt sich aus den unmittelbar variierten, von der Ausbringung *abhängigen* Kosten zusammen, die zweite Gruppe umfaßt die von der Ausbringung *unabhängigen* Kosten, die gleichzeitig fixe Kosten der Analyse darstellen. Diese doppelte Eigenschaft, die der zweiten Gruppe zufällt, muß nicht für jede Kostenanalyse gelten, denn es sind durchaus auch mehrere unabhängige Veränderliche denkbar, so daß dann die Unabhängigkeit bestimmter Kosten von einer Veränderlichen nicht unbedingt bedeuten muß, daß die insoweit fixen Kosten für die Betrachtung überhaupt fix sind. Als Beispiel hierfür kann die von *Walther*[36] vorgenommene Aufgliederung der von der Ausbringung unabhängigen Kosten in Kapazitätskosten und in Bereitschaftskosten angeführt werden, von denen die letzteren von der Bereitschaftsstufe abhängen und demzufolge nicht für sämtliche Ausbringungsmengen fix sein müssen. Für die ertragsgesetzliche Kostenanalyse ist eine derartige Differenzierung der von der Ausbringung unabhängigen Kosten nicht zulässig, die Kostendifferenzierung bleibt ausschließlich auf die genannten zwei Kostengruppen begrenzt.

Der Gütereinsatz der Feldproduktion, der diesen Kostengruppen im Umfange seines Kostencharakters zugeordnet werden muß, gliedert sich in den unmittelbar variierten Einsatz, in den mittelbar variierten Einsatz des konstant bereitgestellten Bodenpotentiales, in den mittelbar variierten Einsatz des konstant bereitgestellten Pflanzenpotentiales und in den konstanten Einsatz. Wenn diese Einsatzarten sämtlich auf die produzierende Wirtschaftseinheit bezogen werden können, dann lassen sich der unmittelbar variierte Einsatz ohne weiteres der ausbringungsabhängigen Kostengruppe und der konstante Einsatz, soweit er leistungsbezogen ist, der ausbringungsunabhängigen Kostengruppe zuteilen. Problematisch bleibt dagegen die Behandlung des *mittelbar variierten* Einsatzes, für den bereits gezeigt werden konnte, daß er im Rahmen der engeren Fassung des Bodenertragsgesetzes mit dem unmittelbar variierten Einsatz nicht zusammengefaßt werden darf[37]. Wenn nun eine Gesamtkostenbetrachtung auf der Grundlage des Bodenertragsgesetzes engerer Fassung erreicht werden soll, obwohl sich ein Teil des variierten Einsatzes demzufolge auch nicht der Gruppe der variablen Kosten zuordnen läßt, dann muß entweder der Nachweis zu führen sein, daß der mittelbar variierte Einsatz für die produzierende Wirtschaftseinheit kei-

---

[36] Walther [Wirtschaftslehre] 248.

[37] Vgl. S. 41—42.

nen Kostencharakter trägt oder aber, daß der mittelbar variierte Einsatz in den Fixkostenblock eingeht.

Vom mittelbar variierten Einsatz des konstant bereitgestellten *Pflanzenpotentiales* wurde an früherer Stelle behauptet, daß die unterschiedlichen Potentialabgaben letztlich unbeachtlich seien und der Einsatz, da die ausgesäte Saat am Ende der Wachstumsperiode in jedem Falle absorbiert sei, einen konstanten Wert annehme[38]. Wird dieser Tatbestand mit den Wesensmerkmalen des Kostenbegriffes konfrontiert, so ist festzustellen, daß das Pflanzenpotential am Ende der Wachstumsperiode nicht mehr verfügbar ist, daß es offenbleibt, ob der Wirtschaftseinheit hierfür ein Gegenwert zufließt, daß ein Zusammenhang mit der Leistungserstellung besteht und daß eine Bepreisung möglich ist. Der Saatguteinsatz stellt damit Kosten dar und zwar *fixe Kosten,* denn die Saatgutmenge ist für sämtliche alternativen Produktionsprozesse konstant. Die Diskrepanz, die darin gesehen werden kann, daß vom Einsatz des Pflanzenpotentiales einerseits behauptet wird, daß er variiere und andererseits, daß er letztlich konstant sei und zu fixen Kosten führe, hebt sich bei näherer Analyse des Einsatz- bzw. Verbrauchsaktes auf. Wie sich hierbei zeigt, unterliegt das Pflanzenpotential zwei Einsatz- bzw. Verbrauchsarten, die sich jeweils zum Totaleinsatz bzw. zum Totalverbrauch ergänzen und auf diese Weise für die Wirtschaftseinheit fixe Kosten entstehen lassen. Die erste Einsatzart, die in der Produktionsfunktion hervorgehoben wurde, ist der *ausbringungswirksame* Potentialeinsatz, die zweite Einsatzart ist der *natürliche,* mit der Ausbringung nur in mittelbarem Zusammenhang stehende Einsatz, der sich auf das für die Ausbringung nicht genutzte Potential erstreckt, das der Verfügung der Wirtschaftseinheit zwangsweise entzogen wird[39]. Steigt der ausbringungswirksame Einsatz, dann sinkt in gleichem Ausmaß der ausbringungsunwirksame, natürliche Einsatz und umgekehrt, so daß der Einsatz des konstant bereitgestellten Pflanzenpotentiales insgesamt konstant ist und für die Wirtschaftseinheit im Fixkostenblock erfaßt werden kann.

Anders verhält es sich dagegen mit dem mittelbar variierten Einsatz des konstant bereitgestellten *Bodenpotentiales,* der keine zwangsweise Ergänzung zum Totaleinsatz erfährt. Gehört der Boden *zum Vermögen* der produzierenden Wirtschaftseinheit, dann ergibt sich der Kostencharakter dieses Einsatzes daraus, daß das Potential dem Abbau unterliegt, daß sich auch in diesem Falle kein unmittelbar gekoppelter Gegenwert mit dem Abbau verbindet, daß ein eindeutiger Zusammenhang mit der Leistungserstellung besteht und daß ein Preis angesetzt werden kann. In der Praxis wird dem Tatbestand des Leistungspotentialabbaues durch

---

[38] Vgl. S. 23.

[39] Vgl. die Entwertungsursachen bei Kosiol [Kostenbegriff] 17 ff., in Verbindung mit Kosiol [Anlagenrechnung] 30ff.

eine Bodendüngung im Anschluß an die Ernte Rechnung getragen, die sich in etwa nach der Art und dem Umfang der Ausnutzung richtet. Die Ausnutzung ist auch exakt meßbar, wenn die von Mitscherlich[40] entwickelten Methoden zur Bestimmung der im Boden vorhandenen Nährstoffmengen zur Anwendung kommen. Der Einsatz des Bodenpotentiales führt somit zweifellos zu Kosten und, da das ungenutzte Potential der Wirtschaftseinheit in späteren Perioden zur Verfügung steht, zu *variablen,* von der Ausbringung abhängigen Kosten, die im Fixkostenblock nicht zu erfassen sind. Die um einen Fixkostenbetrag verschobene Kostenkurve, die vorher nur den unmittelbar variierten Verbrauch umfaßt hat, ist demzufolge keine Gesamtkostenkurve der Feldproduktion.

Eine Ausnahme ergibt sich dann, wenn der Boden nicht zum Vermögen der produzierenden Wirtschaftseinheit gehört, sondern lediglich für nur *eine Wachstumsperiode gepachtet* worden ist. In diesem Falle ist nicht der Boden, sondern das Recht, den Boden für Anbauzwecke zu nutzen, das für die betrachtete Wirtschaftseinheit relevante Wirtschaftsgut. Wird für dieses Nutzungsrecht ein ausschließlich von der Zeit abhängiger Preis bezahlt, so entstehen mit dem kontinuierlichen Ablauf dieses Rechtes ausbringungsunabhängige und für die vorliegende Betrachtung *fixe Kosten,* die dem Fixkostenblock zugeordnet werden können. Aus dem Einsatz des Bodenpotentiales entstehen der produzierenden Wirtschaftseinheit dagegen keine Kosten, wenn nicht die Wiederherstellung des Bodenpotentiales verlangt worden ist. Dient der gepachtete Boden der produzierenden Wirtschaftseinheit jedoch für *mehrere* Perioden als Anbaugrundlage — und das dürfte die Regel sein —, dann ist die Wiederherstellung des Leistungspotentiales des Bodens unumgänglich, so daß dann neben den fixen Pachtgebühren auch *variable* Kosten auftreten und die um einen Fixkostenbetrag verschobene Kostenkurve wiederum keine Gesamtkostenkurve darstellen kann.

Der mittelbar variierte Einsatz des konstant bereitgestellten Bodenpotentiales wird im Zusammenhang mit der ertragsgesetzlichen Kostenbetrachtung entweder vollends übersehen oder unter Hinweis auf das Regenerationsvermögen des Bodens verneint. So sieht *Stackelberg*[41] den Boden unter anderem als die „unvermehrbaren und unversehrbaren bzw. sich immer wieder von selbst erneuernden Naturkräfte und -gaben" an und sagt dann: „Die Lebensdauer des ‚Bodens' ist von der Zeitdauer und dem Grade der Inanspruchnahme unabhängig." Zumindest für die Wirtschaftseinheit ist diese Aussage wenig brauchbar, denn für sie ist der sparsame Umgang mit dem Leistungspotential des Bodens durchaus wesentlich. Sie versucht, einen Raubbau am Boden zu vermeiden, wartet nicht auf die selbsttätige Regeneration, sondern hilft durch

[40] Mitscherlich [Ertragsgesetze] 18.
[41] Stackelberg [Kostentheorie] 3.

eine entsprechende Düngung nach. Es wird hier demzufolge im Gegensatz zu Stackelberg an der auch von *Kosiol*[42] vertretenen Ansicht festgehalten, daß der Boden nur dann keiner Abnutzung unterliegt, wenn er nicht als Anbau- oder Abbaugrundlage verwendet wird. *Laßmann*[43] erkennt offensichtlich den variablen Einsatz in Abhängigkeit von der Ausbringungsvariation an, schaltet ihn jedoch für die ursprünglichen Ableitungen des Ertragsgesetzes aus, weil der Boden zur damaligen Zeit lediglich gepachtet gewesen sei und der Mehrverbrauch sich unter diesen Verhältnissen ökonomisch nicht habe auswirken können. Zu diesem Einwand wurde oben bereits vermerkt, daß die Wiederherstellung des Leistungspotentiales im Regelfall auch für den gepachteten Boden unumgänglich ist, so daß auch für diesen Fall variable, mit dem Boden verbundene Kosten auftreten.

Ergebnis dieser Überlegungen ist demzufolge, daß die aus dem Bodenertragsgesetz engerer Fassung abgeleitete Kostenkurve unter Zugrundelegung des hierfür als zweckmäßig angesehenen Kosten- und Gesamtkostenbegriffes auch nach Einfügung der fixen Kosten eine *Teilkostenbetrachtung* bleibt. Die üblicherweise vorgenommene Gleichsetzung der konstant bereitgestellten Einsatzgüter des Ertragsgesetzes mit konstanten Kosten und die sich hieran anschließende Behauptung, daß mit der Einfügung der konstanten Kosten der Übergang zur Gesamtkostenkurve vollzogen sei, ist in dieser uneingeschränkten Form nicht haltbar.

Obwohl die eingangs aufgeworfene Frage damit hinreichend beantwortet worden ist, soll der Vollständigkeit halber noch auf zwei Überlegungen eingegangen werden, die sich bei *Schneider* in anderem Zusammenhang finden und auf die möglicherweise verwiesen werden könnte. Schneider[44] unterscheidet innerhalb der Gruppe der variablen Einsatzgüter substitutionale und limitationale Faktoren. Die substitutionalen Einsatzgüter sind mengenmäßig als technisch nicht eindeutig, die limitationalen Einsatzgüter als technisch eindeutig von der Produktmenge bestimmt definiert. Für die Ableitung der statischen Gesamtkostenkurve einer Wirtschaftseinheit bei partieller Anpassung (ein Teil der Einsatzgüter bleibt konstant) unterstellt Schneider als variable Einsatzgüter ausschließlich substitutionale Faktoren und nimmt für die konstanten Einsatzgüter konstante Kosten an[45]. Unter dieser Voraussetzung wird die Kostenkurve der variablen Einsatzgüter durch die Verschiebung um die Kosten der konstanten Einsatzgüter zur Gesamtkostenkurve der Wirtschaftseinheit[46]. Diese Situation entspricht dem oben gegebenen Beispiel des für eine Periode gepachteten Bodens, das auf un-

42 Kosiol [Kostenbegriff] 22.
43 Laßmann [Produktionsfunktion] 74 und 82, Fußnote 142.
44 Schneider [Produktion] 3.
45 Schneider [Produktion] 41.
46 Schneider [Produktion] 46—47.

mittelbar variierte und konstante Kosten begrenzt blieb. Schneider erweitert dann seine begrenzte Fragestellung und unterstellt, daß auch limitationale Faktoren am Produktionsprozeß beteiligt sind. Für die Aufnahme auch der sich hieraus ergebenden Kosten in die Kostenkurve findet Schneider insofern eine sehr einfache Lösung, als er behauptet, „daß statistische Untersuchungen in industriellen Betrieben gezeigt haben, daß der Verlauf der Gesamtkosten für die Gruppe der limitationalen Faktoren im allgemeinen genau oder approximativ durch eine durch den Anfangspunkt gehende gerade Linie dargestellt werden kann“[47]. In diesem Falle dreht sich die Gesamtkostenkurve lediglich um ihren Ausgangspunkt, ohne die S-Form zu ändern, so daß dann auch die Aufnahme der Kosten limitationaler Einsatzgüter mit der Fragezeichenform der Kostenkurve verträglich wäre. Der Ausweg, der in dieser Handhabung möglicherweise auch für die Einbeziehung des mittelbar variierten Verbrauches des Bodenpotentiales gesehen werden könnte, ist jedoch im Rahmen der engeren Fassung des Bodenertragsgesetzes und der hieraus abgeleiteten Kostenaussage keine akzeptable Lösung, da für die Feldproduktion die Annahme einer festen Relation zwischen dem Verbrauch aus dem Boden und der Ausbringungsmenge durch nichts gerechtfertigt ist und als äußerst unwahrscheinlich angesehen werden muß[48]. Die aus dem Bodenertragsgesetz engerer Fassung abgeleitete Kostenkurve läßt sich also auch auf diese Weise nicht zu einer Gesamtkostenkurve erweitern.

Ein weiterer Ansatz, die mittelbar variierten Kosten des Bodenpotentiales in die Betrachtung einzubeziehen, kann möglicherweise in der von *Schneider* vertretenen Auffassung gesehen werden, daß die Abhängigkeit oder Unabhängigkeit der Kosten von der Ausbringung eine Frage der *Disposition* sei. Schneider spricht in diesem Zusammenhang von der „Dispositionsbestimmtheit der Kosten im allgemeinen und der festen Kosten im besonderen“[49] und hebt beispielsweise hervor, daß die Art der Lohn- und Gehaltskosten von den abgeschlossenen Verträgen abhänge, daß die Besteuerungsgrundlagen der fixen Steuerkosten vom Wirtschaftssubjekt geändert werden könnten und daß die Möglichkeit bestände, „von der festen zur proportionalen Abschreibungsmethode überzugehen“. Diesen Wechsel der Abschreibungsmethode sieht Schneider als besonders leicht zu vollziehende Änderung an, da die Unternehmung in dieser Entscheidung völlig autonom sei[50]. So wie Schneider Abschreibungskosten für den Verbrauch des Leistungspotentiales einer Maschine kennt, die je nach der Wahl der Abschreibungsform fix oder variabel sind, so müßte es sich analog hierzu auch vertreten lassen, den

[47] Schneider [Produktion] 48.
[48] Vgl. S. 43—44.
[49] Schneider [Feste Kosten] 319.
[50] Schneider [Feste Kosten] 311.

Verbrauch des Bodenpotentiales wahlweise als von der Ausbringung abhängige oder unabhängige Kosten anzusehen und sie im letzteren Falle in den Fixkostenblock einzuordnen. Offensichtlich ist aber die Dispositionsbestimmtheit der Kosten, die sich für die gegebenen Lohn- und Steuerbeispiele, allerdings auch nur im Rahmen gegebener rechtlicher Grenzen, akzeptieren läßt, nicht hinsichtlich des Wechsels der Abschreibungsmethode zu vertreten, und zwar auch dann nicht, wenn die Überlegungen im Zusammenhang mit der Kostenplanung stehen. Während die Änderung der Arbeitsverträge und der Besteuerungsgrundlagen eine Änderung des Güterverbrauches nach sich zieht, der für den Kostencharakter bestimmend ist, muß mit *Kosiol*[51] im Übergang von einer Abschreibungsmethode zu einer anderen lediglich die Änderung der Maßgröße des Güterverbrauches gesehen werden. Da von zwei unterschiedlichen Maßgrößen bzw. Abschreibungsformen nicht jede für sich den Güterverbrauch richtig bestimmen kann, wird in diesem Falle kein zulässiger Gebrauch von der Dispositionsbestimmtheit der Kosten gemacht, sondern zwischen richtiger und falscher Rechnung gewählt[52]. Das gleiche würde für die Erfassung des Leistungspotentialverbrauches aus dem Boden gelten, dessen Abhängigkeit von der Ausbringung nicht aufgehoben werden kann und der sich demzufolge auch nicht unter Hinweis auf die Dispositionsbestimmtheit der Kosten als fixe Kosten in die Betrachtung einbeziehen läßt.

Neben den bisher behandelten Einengungen des Kostenumfanges ist auf eine *weitere Begrenzung* hinzuweisen, die den unmittelbar variierten Gütereinsatz selbst betrifft und auf die im Zusammenhang mit der Determination der Bedingungen des Bodenertragsgesetzes engerer Fassung bereits eingegangen wurde. Falls mehrere unmittelbar variierte Einsatzgüter am Produktionsprozeß beteiligt sind, so ist die Aussage des Bodenertragsgesetzes engerer Fassung, abgesehen von den sonstigen Bedingungen, im wesentlichen nur dann auf die Beziehung zwischen Einsatz und Ausbringung anwendbar, wenn die unmittelbar variierten Einsatzgüter untereinander starr komplementär sind. Beruht die Beziehung zwischen diesen Einsatzgütern dagegen auf elastischer Komplementari-

---

[51] Kosiol [Kostenbegriff] 32—33.

[52] Im Zusammenhang mit der Behandlung der Abschreibungsänderung vermerkt Schneider allerdings, daß die „proportional zu den verfahrenen Maschinenstunden" vorgenommene Abschreibung diejenige sei, „die den Erfordernissen des internen Rechnungswesens allein entspricht" (Schneider [Feste Kosten] 310.). Daß die Änderung der Abschreibungsform dann trotzdem Beispiel für die Dispositionsbestimmtheit der Kosten bleibt, läßt auf eine besondere Auffassung zum Kostenbegriff schließen, der jedoch nicht näher definiert ist. Am Rande sei vermerkt, daß es vielfältige Entwertungsursachen gibt, die sich mit der Abschreibung proportional zur Leistungszeit allein nicht erfassen lassen (hierzu Kosiol [Anlagenrechnung] insbesondere 47—48.). Eine Zusammenstellung der tatsächlich disponierbaren Kosten findet sich bei Henzel [Disponent] 139—167.

tät (z. B. Düngemittel und Arbeit des Ausstreuens), so muß damit gerechnet werden, daß sich die Variation der Einsatzmengen, bei Wahrung der notwendigen Bedingung konstanter Einsatzqualität, mit einer Veränderung der Mengenrelationen verbindet, die die Einheitlichkeit der Bezugsgröße aufhebt[53]. Unter diesen Umständen läßt sich die Einheitlichkeit der Bezugsgröße nur in der Weise wahren, daß die Aussage über die Ausbringungsveränderung lediglich auf *einen Teil* der Einsatzgüter, eventuell nur auf ein einziges Einsatzgut, bezogen wird, so wie etwa bei Mitscherlich, der die Abhängigkeit der Ausbringung vom Düngemittel unter Ausschluß des mit der Düngung verbundenen Arbeitseinsatzes untersucht. Für die Kostenbetrachtung wirkt sich diese Aussonderung dahingehend aus, daß die Kostenkurve selbst im Hinblick auf den unmittelbar variierten Gütereinsatz nur eine *Teilkostenbetrachtung* darstellt. Die aus dem Bodenertragsgesetz engerer Fassung abgeleitete Kostenkurve wird demzufolge vielfach nur den Verlauf einer *einzigen Kostenart* wiedergeben können und dürfte im allgemeinen schon aus diesem Grunde weit davon entfernt sein, eine Gesamtkostenkurve einfachster betrieblicher Teilprozesse, geschweige denn einer Wirtschaftseinheit, zu sein. Dieses Ergebnis bestätigt in vollem Umfang die von *Kosiol* vertretene Auffassung, daß sich die Kosten in Abhängigkeit von der Beschäftigung schwerlich für den Gesamtbetrieb, sondern wohl nur für Kostenstellen mit einheitlicher Leistung, eventuell sogar nur getrennt nach einzelnen Kostenelementen (Kostenarten) untersuchen lassen[54].

4. Die Problematik der variablen Kosten konstanter Einsatzgüter

Gutenberg vertritt die Ansicht, daß das Ertragsgesetz einen konstanten Verbrauch der konstanten Einsatzgüter voraussetze und daß sich mit den konstanten Einsatzgütern im Rahmen der ertragsgesetzlichen Betrachtung nur fixe Kosten verbinden könnten[55]. Gutenberg begründet seine Auffassung von der Verbrauchskonstanz mit der *üblichen mathematischen Behandlung* des Ertragsgesetzes und führt hierzu näher aus: „Daß diese Konstanz der Faktoreinsatzmengen tatsächlich vorausgesetzt wird, wenn man vom Ertragsgesetz spricht, läßt sich schon allein daraus erkennen, daß man für die einzelnen produktiven Faktoren die Grenzproduktivitäten und mit Hilfe dieser Grenzproduktivitäten die Minimalkostenkombination errechnet. Partielle Grenzproduktivitäten kann man aber nur dann ermitteln, wenn die Möglichkeit besteht, die

---

[53] Vgl. S. 31—32.
[54] Kosiol [Kostenauflösung] 351.
[55] Gutenberg [Betriebswirtschaftslehre] 217, in Verbindung mit 241. Der Verbrauchsbegriff wird bei Gutenberg auch für den Tatbestand verwendet, der in der vorliegenden Arbeit mit dem Begriff Einsatz belegt worden ist.

Einsatzmengen eines Produktivgutes zu variieren, während man die Einsatzmengen der anderen Produktivgüter (Verbrauchsgüter) konstant hält[56]." Im ersten Teil dieser Arbeit wurde eingehend begründet, daß die Einsatzkonstanz des Bodens, der für das Bodenertragsgesetz lediglich konstant bereitgestelltes Einsatzgut ist, nicht Bedingung sein darf[57]. Da die mathematische Behandlung des Ertragsgesetzes nicht seinen Inhalt bestimmen kann, sondern sich umgekehrt diesem Inhalt anpassen muß, bleibt lediglich zu fragen, ob die Errechnung von Grenzausbringungen[58] und die Bedingung der Minimalkostenkombination mit der Konzeption des Ertragsgesetzes, insbesondere mit der in gewissem Umfang als bestätigt anzusehenden Grundfassung des Bodenertragsgesetzes verträglich sind. Bevor hierauf näher eingegangen wird, soll klarzustellen versucht werden, „was nach der herrschenden Meinung unter der Prämisse ‚Konstanz eines Faktors (einer Faktorgruppe)' zu verstehen ist", auf die Jacob[59] zur Bekräftigung der von Gutenberg aufgestellten Behauptung hinweist.

a) Die sogenannte herrschende Meinung

Jacob beruft sich auf die Ableitung der ertragsgesetzlichen Kostenkurve bei Stackelberg, Schneider, Stigler und Boulding. Da es im vorliegenden Zusammenhang insbesondere darauf ankommt, die Stichhaltigkeit der Angaben zu überprüfen, die Gutenbergs These stützen sollen, kann die Untersuchung auf die von Jacob ausgewählten Autoren beschränkt bleiben.

Stackelberg[60] vertritt die Auffassung, daß das Ertragsgesetz nicht nur in der Landwirtschaft, sondern auch in der übrigen Produktion, insbesondere auch in der Industrie, gelte. „Bleiben z. B. in irgendeinem Betrieb die dauerhaften Produktivgüter in ihrem Bestande unverändert und werden nur Arbeit und Material in erhöhter Menge eingesetzt, so sinkt der Grenzertrag des veränderlich angenommenen Teils der Produktionsmittel von einer gewissen Grenze an." Obwohl Stackelberg ausdrücklich von einem konstanten Bestand, nicht aber von einem konstanten Einsatz bzw. Verbrauch, spricht, ist Jacob[61] unter Hinweis auf diese Literaturstelle der Ansicht, „daß für v. Stackelberg der Ausdruck ‚konstanter Bestand' gleichzeitig auch ‚konstante Einsatzmengen' in sich schließe." Jacob verweist hierzu auf das Zahlenbeispiel, das Stackelberg[62] zur Darstellung der ertragsgesetzlichen Kostenkurve dient und

---

[56] Gutenberg [Betriebswirtschaftslehre] 217.
[57] Vgl. Abschnitt I 2 a).
[58] Vgl. zur Terminologie die Fußnote 74 auf S. 81.
[59] Jacob [Diskussion] 601.
[60] Stackelberg [Volkswirtschaftslehre] 39.
[61] Jacob [Diskussion] 601.
[62] Stackelberg [Volkswirtschaftslehre] 56 ff.

das lediglich von einem konstanten Betrag für die Bodenpacht und von variablen Löhnen für den veränderlichen Arbeitseinsatz ausgeht. Jacob beachtet hierbei jedoch nicht, daß es sich um ein sehr spezielles Beispiel handelt, das demzufolge mit Vorsicht zu verwenden ist, und daß Stackelberg für den Boden eine Ausnutzungsabhängigkeit vom Grade der Inanspruchnahme von vornherein ausschließt[63]. Wenn sich hierdurch nun im Beispiel für das konstante Einsatzgut konstante Kosten ergeben, so besteht noch keine Berechtigung, dieses Ergebnis zu verallgemeinern. Einige Seiten später weist Stackelberg dann auch unmißverständlich darauf hin, daß mit den bestandsmäßig konstanten Einsatzgütern ein *variabler Verbrauch* verbunden sein könne. Unter der Voraussetzung einer kurzfristigen Anpassung werden als konstante Kosten der Anlagen die Verzinsung und die zeitabhängigen Abschreibungen und als variable Anlagenkosten die von der Ausnutzung abhängigen Abschreibungen genannt. Zu den variablen Kosten der Anlagen und zu den variablen Kosten der variablen Einsatzgüter ist dann vermerkt: „Ihre Werte bilden die Bestandteile der kurzfristig variablen Kosten oder der variablen Kosten im engeren Sinne und bestimmen den Gesamtkostenverlauf bei kurzfristiger Anpassung[64]."

An anderer Stelle unterscheidet Stackelberg inbezug auf die unveränderten Betriebsanlagen zwischen dem indirekten Aufwand, „der entsteht, wenn der Betrieb stillgelegt würde", und dem direkten Aufwand, der sich aus den Leistungen der Betriebsanlagen ergibt[65]. Hierbei liegt den indirekten Aufwendungen ein konstanter Verbrauch und den direkten Aufwendungen, zu denen darüber hinaus der Einsatz an Betriebsstoffen und Arbeitsleistungen gerechnet wird, ein *variabler Verbrauch* zugrunde. Die Behauptung, daß für v. Stackelberg der Ausdruck ‚konstanter Bestand' gleichzeitig auch ‚konstante Einsatzmengen' in sich schließe, dürfte somit auf einer zu engen Interpretation beruhen, die bei der Verwendung des vereinfachten Zahlenbeispieles naheliegend ist. Hierfür spricht insbesondere auch, daß Stackelberg dem Ertragsgesetz allgemeine Geltung zuerkennt und an keiner Stelle auf verbrauchsmäßig konstante Einsatzgüter einengt, obwohl er den variablen Verbrauch konstanter Einsatzgüter sehr eingehend darstellt, diese letztere Möglichkeit also nicht übersehen haben kann. Jacob ist allerdings einzuräumen, daß die variablen Kosten der konstanten Einsatzgüter nicht ausdrücklich und völlig zweifelsfrei im Zusammenhang mit der ertragsgesetzlichen Kostenkurve behandelt werden.

---

[63] Stackelberg [Kostentheorie] 3 (Diese Auffassung wurde bereits widerlegt; vgl. S. 72—73.).

[64] Stackelberg [Volkswirtschaftslehre] 61 (Sperrungen weggelassen). Daß sich die variablen Kosten konstanter Einsatzgüter im allgemeinen nicht in die ertragsgesetzliche Kostenkurve einbeziehen lassen, wurde bereits nachgewiesen (Vgl. S. 41—42 und S. 72).

[65] Stackelberg [Kostentheorie] 7.

Bei *Schneider* ist es ebenfalls schwierig, eine Antwort auf die vorliegende Frage zu finden. In der „Theorie der Produktion" sagt Schneider: „Die restlichen Faktoren... seien dagegen die Faktoren, die nur schwer variiert werden können, wenn sie einmal in bestimmten Mengen realisiert sind und deshalb bei kurzfristigen Schwankungen des Produktionsumfanges mengenmäßig konstant gehalten werden. Die Kosten für diese Gruppe sind von der Größe des Produktionsumfanges unabhängig. Sie stellen die konstanten oder fixen Kosten des Betriebes dar[66]." An anderer Stelle sagt Schneider in ausdrücklichem Zusammenhang mit dem Ertragsgesetz: „Aus der Gesamtproduktkurve erhält man unmittelbar die Kurve der totalen variablen Kosten (als Funktion der Produktmenge), wenn man die den verschiedenen Gesamtproduktmengen entsprechenden Mengen des variablen Produktionsmittels mit ihrem Preis multipliziert[67]." Und: „Addiert man zu den gesamten variablen Kosten die als fest geplanten Kosten, so ergeben sich die Gesamtkosten (TK) als Funktion der Produktmenge[68]." Es ist demzufolge naheliegend, die Auffassung zu vertreten, daß bei Schneider „‚mengenmäßige Konstanz' nicht nur Konstanz des Bestandes, sondern auch Konstanz der Faktoreinsatzmenge bedeutet"[69].

In Widerspruch zu diesem Ergebnis steht jedoch die Aussage, die Schneider im Hinblick auf Gutenbergs Auffassung zur Konstanz des konstanten Einsatzgutes macht und der in dieser Verbindung besondere Bedeutung zufällt. „Daß sich der Arbeiter in bezug auf seine Arbeitstechnik anders verhält, wenn er zwei Maschinen statt einer bedient, ist selbstverständlich. ... Ein gewisses Maß an ‚Anpassungsfähigkeit' ist immer als Voraussetzung für die Geltung des Ertragsgesetzes unterstellt worden[70]." Wenn in dieser Weise argumentiert wird, dann dürfte gleichzeitig anerkannt werden, daß die Anpassung einen variablen Einsatz und damit u. U. auch *variable Kosten* des konstanten Einsatzgutes zur Folge haben kann. Die von Jacob aufgestellte Behauptung läßt sich demzufolge also mit Schneider sowohl belegen als auch widerlegen. Diese Diskrepanz löst sich nur dann, wenn für die zuerst zitierten Literaturstellen vereinfachte Annahmen konzediert werden, etwa derart, daß als konstante Einsatzgüter nur solche unterstellt sind, deren Verbrauch von der Ausbringung unabhängig bleibt. Eine eindeutige Stellungnahme zur Problematik der Konstanz der konstanten Einsatzgütergruppe findet sich auch nicht in der 5. Auflage des 2. Bandes der Wirtschaftstheorie, in deren Vorwort eine Klärung der Miß-

---

66 Schneider [Produktion] 41 (Sperrungen weggelassen).

67 Schneider [Wirtschaftstheorie] 114.

68 Schneider [Wirtschaftstheorie] 102.

69 Jacob [Diskussion] 601.

70 Schneider [Betriebswirtschaftslehre] 89.

verständnisse angekündigt wird, die in den neueren Diskussionen über das Ertragsgesetz entstanden sind.

An Stackelberg und Schneider hat sich gezeigt, daß variable Kosten konstanter Einsatzgüter streng genommen zwar nicht unmittelbar in Verbindung mit der Ableitung der ertragsgesetzlichen Kostenkurve auftreten, daß sie aber durchaus als eine mit dem Ertragsgesetz *verträgliche* Erscheinung akzeptiert werden. Aus der zitierten Literatur läßt sich demzufolge lediglich folgern, daß die variablen Kosten konstanter Einsatzgüter bei der Ableitung der Kostenkurve aus dem Ertragsgesetz im allgemeinen unberücksichtigt bleiben oder aber, daß vereinfachend konstante Einsatzgüter immer mit konstanten Kosten unterstellt werden, ohne daß ausdrücklich auf diese Vereinfachung hingewiesen wird. Es besteht jedoch keine Berechtigung zu dem Schluß, daß konstante Kosten der konstanten Einsatzgüter bei den genannten Autoren als Prämisse des Ertragsgesetzes angesehen werden. Hierin liegt ein wesentlicher Unterschied, den Jacob bei seiner Beweisführung nicht berücksichtigt hat. Die Gewißheit, daß die durchaus naheliegende Folgerung, die Gutenberg aus der Literatur gezogen hat und die Jacob bekräftigt, tatsächlich gesehen und beabsichtigt wurde, ist nicht gegeben. Das gilt in gleicher Weise für Stigler und Boulding, deren Aussagen aus diesem Grunde nicht im einzelnen wiedergegeben werden sollen[71].

Es wäre hier nun am Platze, auf Autoren hinzuweisen, die unmittelbar im Zusammenhang mit der Ableitung der Kostenkurve aus dem Ertragsgesetz entweder hervorheben, daß die Inversion nur eine Teilkostenkurve ergibt oder aber, daß konstante Einsatzgüter mit konstantem Einsatz unterstellt sein müssen. Da sich ein derartiger Hinweis nicht geben läßt, besteht durchaus auch Ungewißheit darüber, ob die Problematik dieser abgeleiteten Kostenkurve überhaupt gesehen worden ist. Hierauf aufmerksam gemacht zu haben, ist ein Verdienst Gutenbergs, das unberührt davon bleibt, daß der Folgerung, die er aus der unzulänglichen Behandlung zieht, nicht zugestimmt werden kann.

Als Ergebnis dieser Untersuchung läßt sich mit Laßmann[72] feststellen: „In der Literatur finden sich keine Hinweise dafür, daß eine Variation der Leistungsabgabegeschwindigkeit (oder der Produktionsdauer) bei den Potentialfaktoren mit der Annahme konstanter Einsatzmengen bestimmter Produktionsfaktoren (implizite) ausgeschlossen werden sollte.“ Zu ergänzen ist, daß auch der Nachweis einer Berücksichtigung variabler Kosten konstanter Einsatzgüter in der Literatur,

---

[71] Jacob zitiert in seinem Aufsatz: Stigler, George J.: The Theory of Price, New York 1947, S. 116 und S. 126 und Boulding, Kennett, E.: Economic Analysis, New York 1948, S. 498 ff.

[72] Laßmann [Produktionsfunktion] 71.

und zwar unter ausdrücklichem Hinweis auf die aufgezeigte Problematik, nicht zu erbringen ist.

b) Die Errechnung partieller Grenzausbringungen

Wie bereits zitiert, betont *Gutenberg*[73], daß im Zusammenhang mit der Behandlung des Ertragsgesetzes Grenzausbringungen für die einzelnen Einsatzgüter ermittelt werden und daß diese Ermittlung nur dann möglich ist, wenn jeweils die Verbrauchsmengen der anderen Einsatzgüter konstant gehalten werden. Gutenberg schließt hieraus, daß die Autoren, die in Verbindung mit dem Ertragsgesetz partielle Grenzausbringungen ermitteln, auch die verbrauchsmäßige Konstanz der konstanten Einsatzgüter als Bedingung des Ertragsgesetzes unterstellen[74]. Auf diese These ist nun im folgenden näher einzugehen.

Besteht eine Einsatzgüterkombination aus nur zwei Einsatzgütern, E_1 und E_2, dann würde jede mengenmäßige Abhängigkeit innerhalb der Einsatzgütergruppe die Möglichkeit der Ermittlung partieller Grenzausbringungen ausschließen. Bei nur zwei Einsatzgütern müssen *sämtliche* Einsatzmengen der Ausbringungsfunktion *unabhängig* voneinander variierbar sein, wenn sich eine partielle Ableitung überhaupt durchführen lassen soll. Sind e_1 und e_2 unabhängig voneinander variierbare Einsatzmengen, dann kann die Ausbringungsfunktion $a = f_I(e_1, e_2)$ geschrieben werden.

Wird nun im Rahmen der engeren Fassung des Bodenertragsgesetzes unterstellt, daß neben der konstant bereitgestellten Einsatzgütergruppe E_2 nur das unmittelbar variierte Einsatzgut E_1 an der Produktion mitwirkt, dann muß die oben abgeleitete bodenertragsgesetzliche Ausbringungsfunktion mit den hier gewählten Symbolen $a = f_{II}\,[e_1, e_2(e_1)]$ lauten. Hieraus wird ersichtlich, daß keine Möglichkeit besteht, partielle

---

73 Gutenberg [Betriebswirtschaftslehre] insbesondere 217.

74 Zur Terminologie ist zu vermerken, daß Gutenberg für den Differentialquotienten der Ausbringungsfunktion den Ausdruck Grenzproduktivität verwendet, während dieser Tatbestand hier in Übereinstimmung mit Allen und Kosiol mit dem Terminus Grenzausbringung belegt wird. Das gleiche gilt für die erste Ableitung einer aus mehreren Einsatzgütern bestehenden Ausbringungsfunktion, die hier nicht als partielle Grenzproduktivität, sondern als partielle Grenzausbringung bezeichnet wird.

Kosiol weist hierzu darauf hin, daß man dann, wenn man von Grenzproduktivität spricht, auch von Durchschnittsproduktivität und sogar auch von Gesamtproduktivität sprechen müßte und daß es, da diese Termini nicht verwendet werden, demzufolge auch zweckmäßiger sei, nicht Grenzproduktivität, sondern Grenzprodukt, Grenzausbringung oder Grenzertrag zu sagen. Für das vielfach als Grenzprodukt bezeichnete Produktdifferential $\left(\frac{\partial a}{\partial e_1} de_1\right)$ verwendet Kosiol dann den Terminus Grenzzuwachs des Produktes, mit dem sich der Inhalt dieses Ausdruckes genauer wiedergeben läßt. Allen [Mathematik] 323, Fußnote 4, Anmerkung des Übersetzers.

Grenzausbringungen zu errechnen, denn zwischen den beiden, am Produktionsprozeß ausschließlich mitwirkenden Einsatzgütern besteht eine mengenmäßige *Abhängigkeit.* Es wird in diesem Zusammenhang vielfach übersehen, daß die Aussage des Ertragsgesetzes lediglich auf die unmittelbare Veränderung der Einsatzmenge e_1, nicht aber auch auf eine unmittelbare Veränderung der Einsatzmenge e_2 zu beziehen ist, die eine *abhängige* Variable darstellt. Zu der weit verbreiteten, hierzu im Widerspruch stehenden Annahme verleitet die vielfach verwendete, mit der bestätigten Grundfassung jedoch nicht zu vereinbarende Ausbringungsfunktion $a = f_{III}(e_1, e_{2\,const.})$, die e_2 als eine an sich *unabhängig* variierbare Größe ausweist. Die Ausbringungsfunktion der bestätigten Grundfassung des Bodenertragsgesetzes und des Bodenertragsgesetzes engerer Fassung, die auf die Funktion $a = f_{II}(e_1)$ zurückgeführt werden kann, läßt sich dagegen in jedem Falle nur nach e_1 differenzieren, so daß auch nur für die Einsatzmenge des Einsatzgutes E_1 Grenzausbringungen errechnet werden können. Hierbei ergeben sich für e_1 Grenzausbringungen *zusammengesetzter* Art, da sie die veränderte Leistungsabgabe des Einsatzgutes E_2 einschließen. Da für jede Ausbringungsmenge bei Mitwirkung nur eines unmittelbar variierbaren Einsatzgutes immer nur eine Mengenkombination möglich ist, kann auch keine Veranlassung bestehen, partielle Grenzausbringungen zur Ermittlung der jeweiligen Minimalkostenkombination zu errechnen. Wahrscheinlich hat Gutenberg auch nicht diesen Fall seiner Aussage zugrunde gelegt, an den Herrmann[75] seine Kritik knüpft, sondern an Kombinationen mit mindestens zwei unmittelbar variierten Einsatzgütermengen gedacht, für die es berechtigt sein kann, die Minimalkostenkombinationen festzustellen.

Besteht die Einsatzgüterkombination aus den Einsatzgütern E_1 und E_2, deren Einsatzmengen *unabhängig* voneinander variierbar sind, und wirkt des weiteren ein konstant bereitgestelltes Einsatzgut E_3 mit, dessen Einsatzmenge in Abhängigkeit von der Ausbringung variiert, dann gilt die Ausbringungsfunktion $a = f_{IV}[e_1, e_2, e_3(a)]$. Es ist durchaus denkbar, daß sich aus dieser Ausbringungsfunktion partielle Grenzausbringungen für die Einsatzmengen der Einsatzgüter E_1 und E_2 ermitteln lassen, obwohl die Einsatzmenge des Einsatzgutes E_3 nicht konstant gehalten werden kann, denn die veränderliche Mitwirkung des Einsatzgutes E_3 beeinträchtigt in keiner Weise die Möglichkeit, die Einsatzmengen e_1 und e_2 unabhängig voneinander zu verändern. Die partiellen Grenzausbringungen sind auch in diesem Falle *zusammengesetzter* Art.

---

[75] Hermann [Ertragsgesetz] 490—494. Auf diese Kritik wird im folgenden Abschnitt eingegangen.

Ein ähnlicher Beziehungszusammenhang liegt der Errechnung partieller Grenzausbringungen bei *Schneider* zugrunde, wenn er partielle Grenzausbringungen der substitutionalen Einsatzgüter bei entsprechender Anpassung und Mitwirkung limitationaler Einsatzgüter ermittelt[76]. Schneider[77] stellt hierzu fest: „Es ist zu beachten, daß unsere Definition der technischen Grenzproduktivität[78] den Zusatz enthält ‚bei entsprechender Anpassung der Mengen der limitationalen Faktoren'. Wir nehmen also stets an, daß die Mengen der limitationalen Faktoren sofort der Produktmengenvariation angepaßt werden, die durch partielle Variation der Menge eines substitutionalen Faktors ermöglicht wird." Schneider hebt dann besonders hervor: „Diese Auffassung des Grenzproduktivitätsbegriffs, wie wir sie hier vertreten, befreit die Theorie der Produktion von den Schwierigkeiten, die entstehen, wenn man einfach die Grenzproduktivität mit Hilfe von partiellen Faktorvariationen definiert, bei denen die Mengen sämtlicher übrigen, also auch die Mengen der limitationalen Faktoren konstant gehalten werden ... Die gesamte Betrachtungsweise wird indessen erheblich komplizierter und, wie mir scheint, auch weniger realistisch, als wenn man den Grenzproduktivitätsbegriff in der Form verwendet, die wir entwickelt haben."

Eine weitere Möglichkeit, partielle Grenzausbringungen für die variablen Einsatzgüter E_1 und E_2 bei veränderlichem Einsatz bzw. Verbrauch eines potentialkonstant bereitgestellten Einsatzgutes E_3 zu errechnen, besteht dann, wenn E_1 und E_2 die Abgabe unterschiedlicher Wirkungselemente ($e_{3.1}$ und $e_{3.2}$) aus dem Einsatzgut E_3 induzieren. Die Ausbringungsfunktion $a = f_V[e_1, e_2, e_{3.1}(e_1), e_{3.2}(e_2)]$, die diesem Beziehungszusammenhang entspricht, läßt sich partiell nach e_1 und nach e_2 differenzieren, da die Funktion auf die *unabhängig* voneinander variierbaren Größen e_1 und e_2 zurückführbar ist. Eine weitere Variante dieser Art kann in der Abhängigkeit der Menge e_3 von der Menge nur eines variablen Einsatzgutes gesehen werden. Die sich hieraus ergebende Ausbringungsfunktion $a = f_{VI}[e_1, e_2, e_3(e_1)]$ läßt sich wiederum auf die *unabhängig* voneinander variierbaren Größen e_1 und e_2 zurückführen und ist partiell nach e_1 und nach e_2 differenzierbar. Während sich aus der ersten Funktion für beide Einsatzgüter *zusammengesetzte* partielle Grenzausbringungen ergeben, ist für die zweite Funk-

---

[76] Schneider bezeichnet die erste Ableitung der Ausbringungsfunktion, für die hier der Terminus Grenzausbringung verwendet wird (vgl. Fußnote 74 auf S. 81), unterschiedlich. So wird beispielsweise in der Schrift [Produktion] von Grenzproduktivität, in der Schrift [Wirtschaftstheorie] 1.—4. Aufl. von Grenzprodukt und in der 5. Aufl. wiederum von Grenzproduktivität gesprochen.

[77] Schneider [Produktion] 6 (Sperrungen weggelassen).

[78] Mit dem Zusatz „technisch" soll lediglich die Mengenvariation betont werden. Es ergibt sich hieraus kein Unterschied zur Definition der Grenzproduktivität bei Gutenberg, der ebenfalls von einer Mengenfunktion $x = f(r_1, r_2, \ldots, r_n)$ ausgeht; [Betriebswirtschaftslehre] 197.

tion nur die partielle Grenzausbringung der Einsatzmenge e_1 zusammengesetzt.

Die Untersuchung führt damit zu dem Ergebnis, daß partielle Grenzausbringungen, abgesehen von der Ausbringungsfunktion mit nur einer unabhängig Veränderlichen, nicht nur bei konstantem Einsatz der potentialkonstant bereitgestellten Einsatzgüter, sondern grundsätzlich auch bei mittelbar variiertem Einsatz bzw. Verbrauch errechnet werden können. Steht die Errechnung partieller Grenzausbringungen im Zusammenhang mit einer Betrachtung, die als *ertragsgesetzliche* Betrachtung bezeichnet wird, dann kann demzufolge aus der Errechnung partieller Grenzausbringungen lediglich geschlossen werden, daß für den Verbrauch der konstanten Einsatzgüter entweder Konstanz oder aber eine Beziehung der dargestellten Art zugrunde gelegt worden sein muß. Es ist keinesfalls der Schluß zulässig, daß die Autoren, die partielle Grenzausbringungen im Zusammenhang mit dem Ertragsgesetz errechnen, notwendigerweise einen konstanten Verbrauch der konstanten Einsatzgüter unterstellt haben müssen. Daß weder die Verbrauchskonstanz, noch eine dieser Beziehungen dem Bodenertragsgesetz engerer Fassung entspricht, ist eine sich hieran anschließende weitere Feststellung, die sich jedoch erst aus den im ersten Teil dieser Arbeit determinierten Einsatzbedingungen ergibt. Hiernach ist zu beachten, daß bei Mitwirkung mehrerer unmittelbar variierter Einsatzgüter die Mengen dieser Einsatzgüter nicht unabhängig voneinander variierbar sind, sondern ganz bestimmten *Mengenbindungen* unterliegen, partielle Grenzausbringungen also schon aus diesem Grunde nicht errechnet werden können[79]. Die Errechnung partieller Grenzausbringungen ist darüber hinaus auch deshalb ausgeschlossen, weil der Einsatz der potentialkonstant bereitgestellten Einsatzgütergruppe in Abhängigkeit vom unmittelbar variierten Einsatz in seiner Gesamtheit variiert, ohne daß isolierte Beziehungen zu den einzelnen Einsatzgütern angenommen werden können.

Die von *Jacob*[80] aufgestellte Behauptung, daß das traditionelle Ertragsgesetz unter der Voraussetzung freier Variierbarkeit sämtlicher Einsatzmengen formuliert sei, ist zumindest dann nicht richtig, wenn mit der Bezeichnung traditionelles Ertragsgesetz auch die bestätigte Grundfassung des Bodenertragsgesetzes gekennzeichnet sein soll, die wohl in erster Linie als traditionelle Fassung angesehen werden müßte. Die freie Variierbarkeit der Einsatzmengen entspricht weder dem Beziehungszusammenhang zwischen der konstanten und der unmittelbar variierten Einsatzgütergruppe, noch dem Beziehungszusammenhang zwischen den unmittelbar variierten Einsatzgütern.

---

[79] Vgl. Abschnitt I 2 b).

[80] Jacob [Ertragsgesetz] 463.

c) Die Konzeption der Minimalkostenkombination

Gutenberg behandelt die Errechnung partieller Grenzausbringungen im Zusammenhang mit der Errechnung der Minimalkostenkombination und die Minimalkostenkombination im Zusammenhang mit der Ableitung der Kostenfunktion aus dem Ertragsgesetz. Hierbei wird nach Gutenberg der konstante Verbrauch der konstanten Einsatzgüter als notwendige Voraussetzung für die Errechnung partieller Grenzausbringungen zur Ermittlung der Minimalkostenkombination und diese wiederum als notwendige Voraussetzung für die Ableitung der Kostenfunktion aufgefaßt. Da nachgewiesen werden konnte, daß sich partielle Grenzausbringungen auch bei einem variablen Verbrauch der konstanten Einsatzgüter ermitteln lassen, diese Grenzausbringungen dann in aller Regel aber zusammengesetzter Art sind, bleibt noch die Frage offen, ob sie für die Ermittlung von Minimalkostenkombinationen brauchbar sind oder ob bei dieser Zwecksetzung notwendigerweise ein konstanter Verbrauch aller sonstigen Einsatzgüter unterstellt sein muß. Im Anschluß hieran ist dann auf die Behauptung einzugehen, die Bedingung der Minimalkostenkombination sei Voraussetzung für die Ableitung der Kostenkurve.

Unter der vereinfachenden Annahme, daß nur zwei Einsatzgüter (E_1, E_2) am Produktionsprozeß beteiligt sind, deren Mengen unabhängig voneinander variiert werden können, läßt sich die Minimalkostenkombination graphisch mithilfe der *Isoquantenanalyse* im zweidimensionalen Raum darstellen. Die Isoquante ist der geometrische Ort aller möglichen Mengenkombinationen zweier Einsatzgüter, die zu derselben Ausbringung führen. Der Übergang von einer Mengenkombination zu einer anderen Mengenkombination auf der gleichen Isoquante setzt voraus, daß sich die Mengen gegeneinander substituieren lassen, daß also die verminderte Menge des einen Einsatzgutes durch eine vermehrte Menge des anderen Einsatzgutes voll ausgeglichen werden kann. Die Relation zwischen der Menge des einen Einsatzgutes (E_1), deren Abgang den Zugang einer Mengeneinheit des anderen Einsatzgutes (E_2) gerade ausgleicht, und dieser Mengeneinheit des anderen Einsatzgutes (E_2) wird als Rate der Substitution von E_1 durch E_2 bezeichnet. Inhalt der Mengengrößen können grundsätzlich bereitgestellte Mengen oder eingesetzte Mengen sein. Dient die Isoquantenanalyse jedoch der Ermittlung von Minimalkostenkombinationen, dann müssen *Einsatz*mengen zugrunde gelegt werden. Die Rate der Substitution für die Einsatzmengen e_1 und e_2 lautet dann ($-\Delta e_1 : + \Delta e_2$). Bei einer infinitesimalen Mengenänderung wird diese Rate der Substitution zur Grenzrate der Substitution ($de_1 : de_2$)[81]. Wenn auf der Abszisse die Größe e_1 und auf der Ordinate die Größe e_2 abgetragen werden, läßt sich die Grenzrate graphisch durch

[81] Hier und im folgenden als absolute Werte ($|de_1| : |de_2|$) aufgefaßt.

den Tangens des Winkels darstellen, den die Tangente an die Isoquante mit der Ordinate bildet.

Zur Bestimmung der Minimalkostenkombination ist es erforderlich, neben der Einsatzmengenrelation die Relation der Einsatzgüter*preise* (p_1 für e_1 und p_2 für e_2) zu berücksichtigen. Für die Minimalkostenkombination gilt die Bedingung ($de_1p_1 = de_2p_2$), die besagt, daß die Kostenersparnis, die durch den verminderten Einsatz des Einsatzgutes E_1 zu erzielen ist, gerade durch den Kostenzuwachs ausgeglichen werden muß, der durch den vermehrten Einsatz des Einsatzgutes E_2 entsteht, oder umgeformt, daß die Grenzrate der Substitution den Kehrwert der Preisrelation annimmt ($de_1 : de_2 = p_2 : p_1$). Die Preisrelation wird graphisch durch den Tangens des Winkels dargestellt, den die Isokostenlinie mit der Ordinate bildet. Die Isokostenlinie ist die Verbindungsgerade der Punkte $e_2 = 0$, $e_1 = K : p_1$ und $e_1 = 0$, $e_2 = K : p_2$, die sich aus der Gleichung der Gesamtkosten $K = e_1p_1 + e_2p_2$ ergeben. Der Tangens des bezeichneten Winkels ist dann $\frac{K}{p_1} : \frac{K}{p_2}$ und damit Ausdruck für das Preisverhältnis $p_2 : p_1 = \operatorname{tg} \alpha$. In graphischer Darstellung wird die Minimalkostenkombination einer bestimmten Ausbringung durch den Punkt (P) auf der entsprechenden Isoquante bestimmt, an dem die Isoquante von einer Isokostenlinie tangiert wird und demzufolge die Bedingung ($de_1 : de_2 = p_2 : p_1$) erfüllt ist (Abbildung 11).

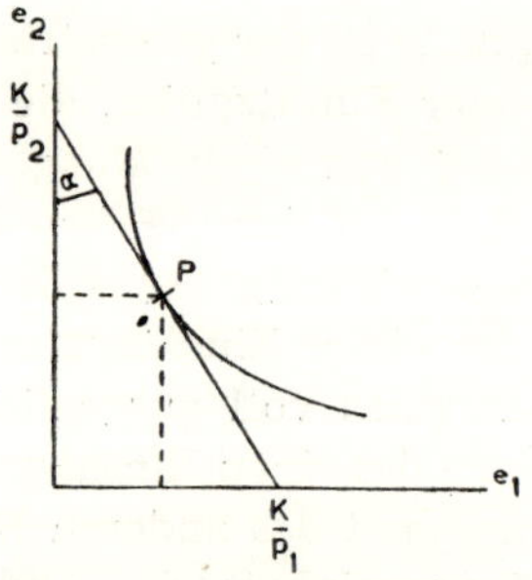

Abbildung 11

Der Zusammenhang zwischen der Errechnung der Minimalkostenkombination und den Grenzausbringungen, auf die sich Gutenberg beruft, ergibt sich daraus, daß für die Minimalkostenkombination auch die Bedingung $\frac{\partial a}{\partial e_1} : \frac{\partial a}{\partial e_2} = p_1 : p_2$ gilt[82]. Wenn an der Produktion ausschließlich Einsatzgüter mitwirken, deren Einsatzmengen unabhängig voneinander variierbar sind, dann sind die errechneten partiellen Grenzaus-

[82] Vgl. hierzu die Ableitungen bei Gutenberg [Betriebswirtschaftslehre] 207—208 und Schneider [Wirtschaftstheorie] 180—182.

bringungen dem variierten Einsatzgut *zurechenbar,* da eine sonstige Verbrauchsvariation ausgeschlossen bleibt. Sind dagegen neben den in dieser Weise substituierbaren Einsatzgütern auch konstante Einsatzgüter an der Produktion beteiligt, deren Einsatz bzw. Verbrauch mittelbar variiert und sind die Beziehungen von der Art, daß sich partielle Grenzausbringungen für die Einsatzmengen der variablen Einsatzgüter errechnen lassen, dann ergeben sich in aller Regel *zusammengesetzte* partielle Grenzausbringungen. Im ersteren Falle ist die Minimalkostenkombination dann eine Kombination minimaler Gesamtkosten, im letzteren Falle eine Kombination minimaler Kosten der substituierten Einsatzgüter, jedoch nicht unbedingt auch minimaler Gesamtkosten. Diese Auslegung der Minimalkostenkombination ist keineswegs ungebräuchlich, sie findet sich beispielsweise bei Schneider bestätigt. *Schneider* bezeichnet die Minimalkostenkombination unter der Voraussetzung, daß limitationale Einsatzgüter am Produktionsprozeß mitwirken und sich entsprechend anpassen, als „Minimalkostenkombination der substitutionalen Faktoren“[83] und spricht im Zusammenhang mit der partiellen Anpassung des Betriebes (ein Teil der Einsatzgüter bleibt konstant) von der „Minimalkostenkombination des variablen Faktorkomplexes“[84]. Diese Einengungen wären nicht erforderlich, wenn der Verbrauch der sonstigen Einsatzgüter konstant bliebe. Da die Minimalkostenkombination dieses Inhaltes durchaus sinnvoll ist — denn sie führt zumindest zu minimalen beeinflußbaren Kosten —, besteht grundsätzlich keine Veranlassung, einen konstanten Verbrauch der konstanten Einsatzgüter zur notwendigen Voraussetzung der Minimalkostenkombination zu erheben. Unter besonderen Umständen, nämlich dann, wenn der mittelbar variierte Einsatz keine Kosten hervorruft[85] oder jeweils zu einem konstanten Totalverbrauch ergänzt wird, ergeben sich bei der Realisierung auch der mithilfe zusammengesetzter Grenzausbringungen errechneten Minimalkostenkombinationen minimale Gesamtkosten.

Es ist nunmehr auf die Behauptung einzugehen, die Minimalkostenkombination sei Voraussetzung für die *Ableitung der Kostenfunktion* aus der Ausbringungsfunktion. Gutenberg stellt hierzu fest: „Wir wiederholen nochmals, daß diese Umkehrung nur möglich ist, wenn das Mengengerüst der Kosten festliegt. Dies ist dann der Fall, wenn wir jeweils von der Minimalkostenkombination ausgehen oder eine andere Annahme machen, die zu dem gleichen Effekt führt[86].“ Und an anderer Stelle: „Da aber unter dem Geldausdruck viele mögliche Kombinationen von Faktoreinsatzmengen verdeckt sein können, so ist eine zusätzliche Annahme über das ‚Mengengerüst‘ zu machen, welches dem

---

[83] Schneider [Produktion] 25.
[84] Schneider [Produktion] 44.
[85] Vgl. S. 72.
[86] Gutenberg [Betriebswirtschaftslehre] 241.

Geldwertausdruck zugrunde liegt. In diesem Falle ist die Minimalkostenkombination anzunehmen ...[87]." Wie aus der ersten Aussage hervorgeht, sieht Gutenberg in der Minimalkostenkombination nicht das einzige Mittel, das Mengengerüst zu binden, wohl aber ein mit dem Ertragsgesetz verträgliches Mittel, und wie aus der anderen Textstelle hervorgeht, wahrscheinlich das allein diskutable Mittel. Beispiele für andere Annahmen, die zu dem gleichen Effekt führen könnten, werden nicht gegeben.

Wird die Bedingung der Minimalkostenkombination als ein Mittel einer notwendigen Mengenbindung angesehen, dann muß sie für jede der alternativen Ausbringungsmengen realisiert werden. Sind an einer Produktion nur zwei unabhängig voneinander variierbare Einsatzgüter (E_1 und E_2) beteiligt, dann muß für jede Ausbringungsmenge unter der Vielzahl möglicher Mengenkombinationen die Einsatzmengenrelation gewählt werden, die in graphischer Darstellung durch den Berührungspunkt zwischen der jeweiligen Isoquante und einer Isokostenlinie bestimmt wird. Verbindet man sämtliche Minimalkostenpunkte, dann entsteht eine sogenannte Faktoranpassungskurve, deren Verlauf von der Form und Lage der Isoquanten und vom Steigungsmaß der Isokostenlinie abhängig ist. In aller Regel wird angenommen, daß diese Faktoranpassungskurve der Minimalkostenkombination die Isoquantenschar von links nach rechts steigend durchschneidet, daß also eine größere (kleinere) Ausbringung nur mit größeren (kleineren) Einsatzmengen beider Einsatzgüter hervorgebracht werden kann (Abbildung 12).

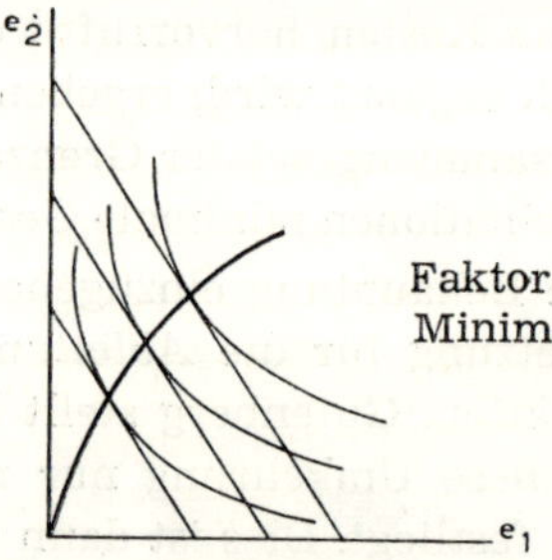

Faktoranpassungskurve der Minimalkostenkombination

Abbildung 12

Ist E_2 die *konstante Einsatzgütergruppe* des Bodenertragsgesetzes und E_1 ein *unmittelbar variiertes Einsatzgut*, dann variiert der Einsatz bzw. Verbrauch der konstanten Einsatzgütergruppe in Abhängigkeit von der eingesetzten Menge des Einsatzgutes E_1 [88]. Werden auf der Ab-

---

[87] Gutenberg [Betriebswirtschaftslehre] 203.

[88] Vgl. S. 57—58.

szisse die Einsatzmengen e_1 und auf der Ordinate die Einsatzmengen e_2 abgetragen und die einzelnen Mengenkombinationen durch eine Linie verbunden, dann ergibt sich die Faktoranpassungskurve des Bodenertragsgesetzes, die gleichzeitig auch die Faktoranpassungskurve des Bodenertragsgesetzes engerer Fassung ist. Wenn in Anlehnung an Weddigen[89] unterstellt wird, daß der Verbrauch aus dem Boden anfangs relativ zunimmt, dann relativ und schließlich absolut abnimmt, dann würde die Faktoranpassungskurve den in Abbildung 13 wiedergegebenen Verlauf annehmen. Es sei jedoch ausdrücklich betont, daß sich eine gesicherte Aussage über diesen Kurvenverlauf nicht machen läßt, da die pflanzenphysiologische Forschung hierüber bisher keine hinreichende Auskunft zu geben vermag[90]. Unabhängig von der Form des Kurvenverlaufes ist

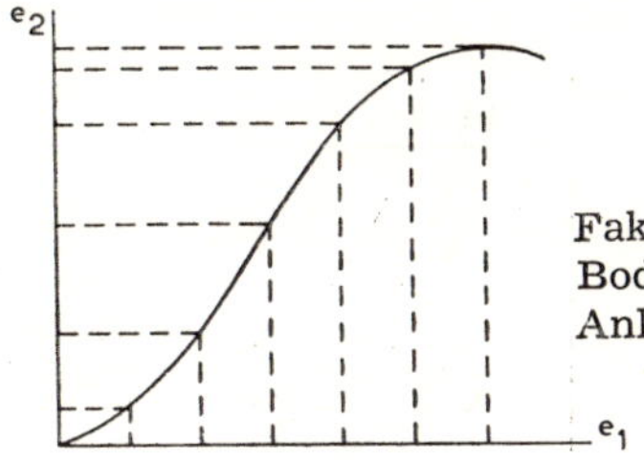

Faktoranpassungskurve des Bodenertragsgesetzes in Anlehnung an Weddigen

Abbildung 13

jedoch ersichtlich, daß die Isoquanten bei Mitwirkung nur eines unmittelbar variierten Einsatzgutes zu *Punktisoquanten* zusammenschrumpfen und somit keine Möglichkeit besteht, zwischen mehreren, zu gleichen Ausbringungsmengen führenden Mengenkombinationen zu wählen. Da sich auch durch die konträre Betrachtungsrichtung hieran nichts ändert, entfällt zumindest unter diesen Umständen die Notwendigkeit, die Bedingung der Minimalkostenkombination zum Zwecke der Mengenbindung aufzustellen. Zudem ist im vorliegenden Falle jede Mengenkombination zwangsläufig auch eine Minimalkostenkombination.

Den Nachweis, daß das Theorem der Minimalkostenkombination mit dem Bodenertragsgesetz nicht verträglich ist, hat *Herrmann*[91] zu führen versucht. Herrmann geht allerdings nicht von den Einsatzmengen der konstanten Einsatzgüter, sondern von den *bereitgestellten Mengen* aus. Unter dem Gesichtspunkt der bereitgestellten Mengen sind der bestellte Boden und beispielsweise die Arbeit der Bodenlockerung unabhängig voneinander variierbare Einsatzgüter, denn es ist anzunehmen, daß sich mit einer bestimmten Menge bestellten Bodens und einer be-

---

89 Weddigen [Ertrag] 199—200.

90 Vgl. hierzu S. 102—103.

91 Hermann [Ertragsgesetz] 490—494.

stimmten Menge Arbeit eine gleichgroße Ausbringungsmenge erzielen läßt wie mit einer etwas kleineren Menge bestellten Bodens und einer etwas größeren Arbeitsmenge oder umgekehrt. Werden auf der Ordinate die bereitgestellten Mengen des bestellten Bodens (b) und auf der Abszisse die Arbeitsmengen (e_1) abgetragen, dann lassen sich Isoquanten zeichnen, da für jede bereitgestellte Menge bestellten Bodens alternative Kombinationen mit unterschiedlichen Arbeitsmengen und Ausbringungsmengen denkbar sind. Bei Unterstellung der üblichen Isoquantenform ergibt sich die Darstellung in Abbildung 14, in der durch eine Parallele zur Abszisse zum Ausdruck gebracht werden kann, daß der bestellte Boden für die alternativen Kombinationen des Ertragsgesetzes in konstanter Menge bereitstehen muß. Herrmann begeht dann aber den Fehler, Isokostenlinien in diese Darstellung einzuzeichnen, mit

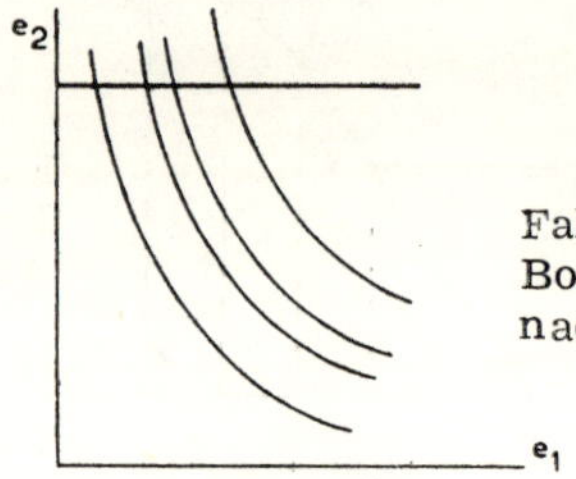

Faktoranpassungskurve des Bodenertragsgesetzes nach Herrmann

Abbildung 14

denen er den Nachweis führen will, daß die Faktoranpassungskurve der Minimalkostenkombinationen nicht mit der parallel zur Abszisse verlaufenden ertragsgesetzlichen Faktoranpassungskurve übereinstimmen kann. Diese Erweiterung seiner Darstellung ist deshalb nicht möglich, weil auf der Ordinate keine Einsatzmengen, sondern lediglich bereitgestellte Mengen stehen, die keinen Kostencharakter tragen. Für die Berührungspunkte zwischen den Isoquanten und den hier fälschlicherweise als Isokostenlinien bezeichneten Geraden gleicher Ausgabensumme gilt die Gleichung ($de_1 : db = p_b : p_1$) oder ($de_1p_1 = db\, p_b$), in der das Produkt $db\, p_b$ keine Kosten, sondern einen Wert *bereitgestellten,* nicht aber verbrauchten Potentiales darstellt.

Die Bedingung der Minimalkostenkombination, die sich im Hinblick auf die Mengenbindung zwischen dem unmittelbar variierten Einsatz und dem Einsatz der konstanten Einsatzgütergruppe als überflüssig erwiesen hat, ist nun daraufhin zu untersuchen, ob sie für den aus mehreren Einsatzgütern bestehenden unmittelbar variierten Einsatz des Bodenertragsgesetzes engerer Fassung von Bedeutung sein kann. Besteht der *unmittelbar variierte Einsatz* aus *mehreren* Einsatzgütern und sollen diese Einsatzgüter sämtlich in die Betrachtung einbezogen werden, ohne daß der Bestätigungsgrad dieser Kombination geringer eingeschätzt werden muß, als der Bestätigungsgrad der Grundfassung des Bodenertragsgesetzes, dann muß die Einsatzmengenrelation bei gleichbleibender Qualität des Einsatzes konstant bleiben. Diese Bedingung kann bei starr komplementären Einsatzgütern als erfüllt gelten, ihre Erfüllung ist bei elastisch komplementären Einsatzgütern nicht undenkbar.

Sind E_1 und E_2 *starr komplementäre,* unmittelbar variierte Einsatzgüter und wird die Einsatzmenge e_1 auf der Abszisse und die Einsatzmenge e_2 auf der Ordinate abgetragen, dann werden die Isoquanten zu Punkten, die auf einer aus dem Ursprung positiv steigenden Geraden liegen, deren Steigung von der *technisch* gegebenen Mengenrelation bestimmt wird (Abbildung 15). Von der Zeichnung rechtwinkliger Isoquanten ist bewußt abgesehen worden, da eine vermehrte Zuführung des einen oder anderen starr komplementären Einsatzgutes in aller Regel nicht als Einsatz aufgefaßt werden kann, demzufolge also nur *Punktisoquanten* dem Sachverhalt entsprechen[92]. Es entfällt wiederum jede Wahlmöglichkeit und damit auch die Notwendigkeit, die Bedingung der Minimalkostenkombination selbst für den aus mehreren Einsatzgütern bestehenden unmittelbar variierten Einsatz aufzustellen.

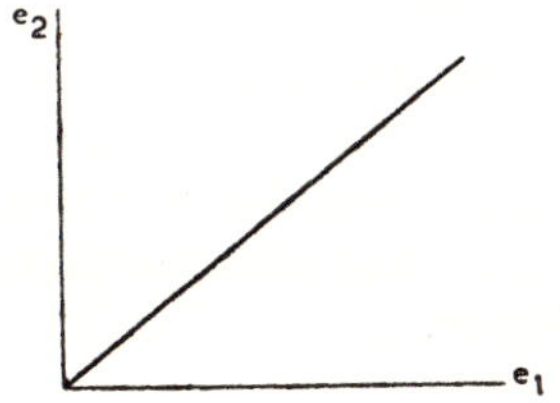

Faktoranpassungskurve starr komplementärer, unmittelbar variierter Einsatzgüter

Abbildung 15

Sind E_1 und E_2 *elastisch komplementäre,* unmittelbar variierte Einsatzgüter, dann ist die Aussage des Bodenertragsgesetzes engerer Fassung grundsätzlich nicht auf die Variation der Einsatzgütergruppe anwendbar. Die Aussage wäre anwendbar, wenn bei einer Variation der Einsatzgüter in gleichbleibender Mengenrelation nicht mit einer Veränderung der Qualität des unmittelbar variierten Einsatzes in seiner Gesamtheit gerechnet werden müßte[93]. Wird für den vorliegenden Zusammenhang im Hinblick darauf, daß eine unveränderte Qualität des Einsatzes bei gleichbleibender Mengenrelation nicht undenkbar ist, eine derartige Bindung unterstellt, dann ist die *Proportionalitätsgerade* auch hier die Faktoranpassungskurve der unmittelbar variierten Einsatz-

[92] Vgl. hierzu auch Blaschka [Produktionsfunktion] 442—443.

[93] Vgl. hierzu S. 31—32.

güter. Die Steigung dieser Faktoranpassungskurve wird jedoch nicht von der technisch gegebenen, sondern von der *einmal gewählten* Mengenrelation bestimmt. Ist die Bedingung gleichbleibender Einsatzqualität jeweils für eine Vielzahl von Mengenrelationen erfüllbar, dann ist eine Schar positiv steigender, geradliniger Faktoranpassungskurven bei konstantem bestellten Boden möglich. Aus der Verbindung der Punkte gleicher Ausbringungsmengen ergeben sich *Linienisoquanten,* von denen der Einfachheit halber angenommen werden soll, daß sie die übliche, nach links unten durchgebogene Form haben. Obwohl damit jede Ausbringungsmenge mit unterschiedlichen Mengenrelationen der unmittelbar variierten Einsatzgüter verwirklicht werden kann, besteht im Rahmen der bodenertragsgesetzlichen Betrachtung engerer Fassung jedoch auch hier beim Übergang von einer Ausbringungsmenge zur nächsten keine Wahlmöglichkeit zwischen den an sich realisierbaren unterschiedlichen Einsatzmengenrelationen, da die Aussage auf die einmal gewählte Mengenrelation begrenzt bleiben muß. Damit ist die Bedingung der Minimalkostenkombination als Mittel der Mengenbindung für den einzigen Fall, in dem die Aussage des Bodenertragsgesetzes engerer Fassung auf die Variation einer Gruppe elastisch komplementärer Einsatzgüter anwendbar wäre, *überflüssig.* Wird die Isoquantendarstellung durch die Isokostenlinien ergänzt, dann ist die Faktoranpassungskurve der auf die variablen Einsatzgüter begrenzten Minimalkostenkombinationen ableitbar, die mit einer Proportionalitätsgeraden übereinstimmen, durchaus aber auch in anderer Form verlaufen kann (Abbildung 16). Im letzteren Falle ist die Bedingung der Minimalkostenkombination nicht nur überflüssig, sondern mit dem Bodenertragsgesetz engerer Fassung *unvereinbar.*

Faktoranpassungskurven elastisch komplementärer, unmittelbar variierter Einsatzgüter des Bodenertragsgesetzes engerer Fassung

Faktoranpassungskurve elastisch komplementärer, unmittelbar variierter Einsatzgüter bei Realisation der Minimalkostenkombinationen

Abbildung 16

Ist die Aufrechterhaltung der qualitätsmäßigen Konstanz des Einsatzes variabler, *elastisch komplementärer* Einsatzgüter dagegen mit einer Veränderung der Mengenrelation verbunden oder muß mit einer derartigen Änderung gerechnet werden, dann ist die Aussage des Bodenertragsgesetzes engerer Fassung bei Mitwirkung von zwei unmittelbar variierten Einsatzgütern nur auf *eines* dieser Einsatzgüter anwendbar. Der Verlauf der Faktoranpassungskurve für diese beiden Einsatzgüter wird einerseits von der rein mengenmäßigen Vervielfachung des in die Betrachtung einbezogenen Einsatzgutes und andererseits von der einmal gewählten Einsatzqualität bestimmt, aus der sich die jeweils erforderliche Menge des zweiten Einsatzgutes ergibt. Damit entfällt auch hier die Notwendigkeit, die Einsatzmengen durch die Bedingung der Minimalkostenkombination zu binden. Werden Faktoranpassungskurven des Bodenertragsgesetzes engerer Fassung für unterschiedliche Qualitätsgrade des Einsatzes gezeichnet, dann ist es wiederum möglich, Isoquanten abzuleiten und die Darstellung durch Isokostenlinien zu ergänzen. Da für die Minimalkostenkombinationen das Preisverhältnis als Bestimmungsgröße hinzutritt, für die Kombinationen des Bodenertragsgesetzes engerer Fassung aber die Konstanz der Einsatzqualität bestimmend ist, dürfte es sehr wahrscheinlich sein, daß die überflüssige Bedingung der Minimalkostenkombination auch in diesem Falle mit der Bedingung des Bodenertragsgesetzes engerer Fassung *unvereinbar* ist.

5. Der Inhalt der engeren Fassung der ertragsgesetzlichen Kostenaussage

Die Analyse der aus dem Bodenertragsgesetz abgeleiteten Kostenaussage ergab, daß die Ableitung einerseits auf dem Wechsel der *Betrachtungsrichtung* des vom Bodenertragsgesetz beschriebenen Beziehungszusammenhanges und andererseits auf der Multiplikation der Einsatzmengen mit ihren *Preisen* beruht. Die Veränderung der Ausbringung wird hiernach nicht mehr in Relation zur Veränderung des unmittelbar variierten Einsatzes gesetzt, sondern die Veränderung des unmittelbar variierten Einsatzes, der leistungsbedingten Güterverbrauch und als Wertgröße Kosten darstellt, wird auf die Veränderung der Ausbringung bezogen. Da der Beziehungszusammenhang selbst keine Abwandlung erfahren darf, wird der Bereich zunehmenden Ausbringungszuwachses in dieser Sicht zum Bereich abnehmenden Kostenzuwachses und der Bereich abnehmenden Ausbringungszuwachses zum Bereich zunehmenden Kostenzuwachses. Die aus dem Bodenertragsgesetz abgeleitete Kostenaussage hat damit die Behauptung zum Inhalt, daß die unmittelbar variierten Kosten bis zu einer bestimmten Ausbringungsmenge in abnehmendem und danach in zunehmendem Verhältnis zur Ausbringung steigen.

Die aus dem Bodenertragsgesetz engerer Fassung abgeleitete Kostenaussage wird darüber hinaus durch den sonstigen Inhalt der im ersten Teil dieser Arbeit determinierten Behauptung und der dort ebenfalls determinierten Einsatzbedingungen bestimmt. Diese Kostenaussage engerer Fassung ist eine *Teilkostenaussage,* die sich auch durch die Einbeziehung fixer Kosten nicht zu einer Gesamtkostenaussage erweitern läßt.

Nicht zu erfassen sind zumindest die durch den mittelbar variierten Verbrauch des Bodenpotentiales entstehenden Kosten, die sich weder der Gruppe der unmittelbar variierten, noch der Gruppe der fixen Kosten zuordnen lassen. Besteht der unmittelbar variierte Einsatz aus elastisch komplementären Einsatzgütern, dann ist die Kostenaussage grundsätzlich sogar nur auf eine einzige Kostenart anwendbar. Die Ausweitung der Betrachtung auf das geerntete oder abgesetzte Produkt und die hierzu gehörenden Kosten ist ebenfalls nicht möglich. Die Kostenaussage ist unbrauchbar, wenn vollkommen substituierbare Einsatzgüter dem unmittelbar variierten Einsatz unterliegen. Da das Bodenertragsgesetz engerer Fassung weder als empirisches noch als exaktes Gesetz bezeichnet werden kann, trägt auch die hieraus abgeleitete Kostenaussage *keinen Gesetzescharakter*. Ihr Vorzug gegenüber weiteren Fassungen liegt jedoch darin, daß ihr Bestätigungsgrad nicht geringer eingeschätzt werden muß als der Bestätigungsgrad der Grundfassung des Bodenertragsgesetzes.

Für die vielfach im Zusammenhang mit der Ableitung der Kostenaussage aufgestelle Bedingung der *Minimalkostenkombination* konnte nachgewiesen werden, daß sie je nach der Beziehung, die zwischen den Einsatzgütern besteht, entweder *überflüssig* oder sogar mit dem Bodenertragsgesetz engerer Fassung *unvereinbar* ist.

III. Die Übertragung des Bodenertragsgesetzes auf die industrielle Produktion

1. Der Analogieschluß als Erkenntnisweg

Die Übertragung des Bodenertragsgesetzes auf die industrielle Produktion ist in der englisch-amerikanischen Literatur wohl erstmalig von *Marshall* angedeutet worden. Während das Bodenertragsgesetz in den ersten Auflagen seiner Schrift „Principles of Economics" lediglich auch für die Fischerei und für die Bebauung des Bodens mit immer höheren Gebäuden als gültig angesehen wird, findet sich in der 5. Auflage (1907) die Behauptung: „And what is true of building land is true of many other things. If a manufacturer has, say, three planing machines there is a certain amount of work which he can get out of them easily. If he wants to get more work from them he must laboriously economize every minute of their time during the ordinary hours, and perhaps work overtime. Thus after they are once well employed, every successive application of effort to them brings him a diminishing return[1]." Vogelstein, der sich auf die „englisch-amerikanische Literatur von Marshall an" beruft, ist der erste Autor, der die Übertragung des Bodenertragsgesetzes auf die Industrie und die Erweiterung des Bodenertragsgesetzes zu einem „einheitlichen Ertragsgesetz aller Produktion"[2] eingehend zu begründen versucht.

Vogelstein[3] geht bei seinen Überlegungen vom Gesetz des abnehmenden Bodenertrages aus und stellt zwei Erwägungen in den Vordergrund, die seiner Ansicht nach eine Erweiterung des Gesetzes erforderlich machten: „Einmal war man sich seit langem darüber klar, daß die landwirtschaftliche und industrielle Produktion vom naturwissenschaftlichen Standpunkt aus keinen Gegensatz zueinander bilden. Die physikalischen und chemischen Gesetze kennen keinen Unterschied zwischen diesen Tätigkeiten. Ohne Mitwirkung der Natur ist auch keine industrielle Produktion möglich." Zum zweiten müsse man bei einem begrenzten Grund und Boden auch in der Industrie mit sinkenden Erträgen rechnen, denn: „Niemand bestreitet, daß die Produktion von Garn auf einem engen Raum z. B. einem Hektar von einem Punkt an nur noch unter steigendem Aufwand von Kapital und Arbeit möglich ist..." Vogelstein geht

[1] Marshall [Economics] 170.
[2] Vogelstein [Ertragsgesetz] 776.
[3] Vogelstein [Ertragsgesetz] 776—777.

dann einen sehr entscheidenden Schritt weiter, indem er die Bedingung, daß der Boden konstantes Einsatzgut sein müsse, aufhebt. Er sagt hierzu: „Wie man aber das Produktionselement Boden als gegeben annehmen und Kapital und Arbeit oder was sonst immer variieren kann, so ist es eben möglich, jedes andere Produktionselement festzulegen und die übrigen zu verändern[4].“ Nach der Vervollständigung des Gesetzes vom abnehmenden Bodenertrag um die Phase des zunehmenden Ertrages[5] kommt Vogelstein schließlich zu dem Ergebnis: „Wie die verschiedenen Ertragsgesetze im Grunde ein einheitliches Gesetz darstellen mit einem aufsteigenden und einem absteigenden Ast, ein Gesetz, eine Formel, in die nur die verschiedenen Faktoren und Größen einzusetzen sind, die dann ein quantitativ sehr verschiedenes, prinzipiell gleiches Resultat ergeben, so ist der letzte Grund für alle Erscheinungen, die dieses Gesetz umfaßt, der gleiche. Alles ist mit den Worten Proportionalität und Disproportionalität ausgedrückt. Was für den Bodenertrag mühsam in langen Jahren empirisch festgestellt worden ist, gilt eben für jegliche Produktion. Es gibt ein günstigstes Wirkungsverhältnis der Produktionsfaktoren, das wir eben mit Proportionalität bezeichnen. Aller zunehmende Ertrag im Verhältnis zu den aufgewendeten Produktionsmitteln beruht darauf, daß ein Produktionselement bisher im Überfluß vorhanden war und daher die Zuführung aller anderen genügte, um die Produktion zu steigern. Zunehmender Ertrag ist also die Folge einer Annäherung an die Proportionalität. Aller abnehmende Ertrag geht auf das Gegenteil zurück, auf steigende Disproportionalität[6].“

Ausgangsgrundlage für die Übertragung des Bodenertragsgesetzes auf die industrielle Produktion und für den damit verbundenen Ansatz zur Verallgemeinerung des Bodenertragsgesetzes sind demzufolge gewisse übereinstimmende Produktionsmerkmale, von denen auf die Übereinstimmung auch in anderer Hinsicht, hier auf eine prinzipielle Übereinstimmung der Ausbringungsverläufe, geschlossen wird. Die Schlußform, die dieser Ableitung zugrunde liegt, ist der *Analogie-*

---

[4] Vogelstein [Ertragsgesetz] 777.

[5] Vogelstein [Ertragsgesetz] 778. Die Formulierungen „zunehmender Ertrag“ und „abnehmender Ertrag“, die in der älteren Literatur weit verbreitet sind, werden auch von Vogelstein nicht auf den Gesamtertrag bezogen. Insbesondere aus den Ausführungen, die sich mit der Sichtung der Literatur befassen, ist ableitbar, daß aller Wahrscheinlichkeit nach jeweils zunehmender und abnehmender Ertragszuwachs gemeint sind, obwohl die Formulierungen „Proportionalität“ und „Disproportionalität“ wiederum auf zunehmenden und abnehmenden Durchschnittsertrag hindeuten könnten. Da diese möglicherweise bestehende, aber nicht sehr wahrscheinliche Diskrepanz zum Turgotschen Ertragsgesetz für die Frage nach der Zulässigkeit des Analogieschlusses unbeachtlich ist, soll dieser Problematik nicht weiter nachgegangen werden. Vgl. hierzu auch Weddigen [Ertrag] 217.

[6] Vogelstein [Ertragsgesetz] 779—780 (Sperrungen weggelassen).

schluß[7], der immer dann gegeben ist, „wenn aus der nachgewiesenen Übereinstimmung mehrerer Gegenstände oder Ereignisse in bezug auf gewisse Eigenschaften oder Bedingungen die Übereinstimmung der nämlichen Gegenstände oder Ereignisse in bezug auf andere Eigenschaften oder Bedingungen gefolgert wird“[8]. Als nachgewiesene Übereinstimmung betont Vogelstein beispielsweise die in beiden Produktionsbereichen mitwirkende Natur, die in beiden Produktionsbereichen in gleicher Weise geltenden physikalischen und chemischen Gesetze und die in beiden Produktionsbereichen mögliche Unterausnutzung und Überbeanspruchung konstant gehaltener Produktionsmittel, an die auch Marshall anknüpft. Die Eigenschaft, inbezug auf die eine Übereinstimmung gefolgert wird, ist der Ausbringungsverlauf, den Vogelstein für den Bereich der landwirtschaftlichen Produktion als empirisch-induktiv gewonnenes Gesetz auffaßt. Bevor nun dieser Erkenntnisweg, der unter Heranziehung der von Marshall und Vogelstein verwendeten Argumente kurz skizziert wurde, näher beurteilt werden kann und bevor eine Stellungnahme zu den vielfältigen Begründungen möglich ist, die sich bei anderen Autoren finden, müssen die logischen Voraussetzungen des Analogieschlusses und die mit diesen verbundenen Auswirkungen auf den Wert der Aussage behandelt werden.

Die *Triftigkeit* eines Analogieschlusses ist nach Wundt[9] abhängig: „1. von den Beziehungen, in denen die übereinstimmenden Eigenschaften der in Analogie gebrachten Begriffe zu den Tatsachen stehen, in bezug auf welche die Analogie gefolgert wird, und 2. von der Bedingung, daß beide Begriffe sich nicht durch Merkmale unterscheiden, die der Analogie widersprechen.“ Zur Erläuterung gibt Wundt[10] das folgende, sehr instruktive Beispiel: „Obgleich z. B. Erde und Mond ebenfalls eine Reihe ähnlicher Eigenschaften darbieten, so wäre doch der Schluß, daß der Mond mutmaßlich bewohnt sei, ein schlechter Analogieschluß, weil bei demselben unbeachtet bliebe, daß sich der Mond durch andere Eigenschaften, wie durch das Fehlen einer Atmosphäre, unterscheidet, die ein Bewohntsein, sofern die Bewohner organische Wesen von ähnlicher Beschaffenheit wie die Erdbewohner sein sollen, ausschließen.“ Für die richtige Beurteilung dieses Analogieschlusses, der etwa davon ausgehen könnte, daß Erde und Mond Himmelskörper sind, eine feste Oberfläche haben und zu demselben Sonnensystem gehören, ist es offensichtlich erforderlich, auch noch die für das menschliche Leben relevanten Voraussetzungen zu kennen, um vom Bewohntsein der Erde auf das Bewohntsein des Mondes schließen zu können. Es erweist sich in diesem Falle also nicht als ausreichend, den Analogieschluß auf den unmittelbar

7 Vgl. Müller [Ertragsgesetz] 71.
8 Wundt [Logik] 327—328 (Sperrungen weggelassen).
9 Wundt [Logik] 328—329.
10 Wundt [Logik] 329.

wahrnehmbaren Eigenschaften aufzubauen, vielmehr müssen auch die *Zusammenhänge* zwischen diesen Eigenschaften und der Eigenschaft, auf die geschlossen werden soll, berücksichtigt werden.

Diese Einsicht ist für die Beurteilung der Versuche, das Bodenertragsgesetz auf die industrielle Produktion zu übertragen, von besonderer Bedeutung, denn über die Eigenschaften, die den Zusammenhang zwischen Einsatz- und Ausbringungsveränderung begründen, besteht weitgehende Unklarheit. Das Bodenertragsgesetz, als empirisch-induktiv gewonnenes Urteil, enthält lediglich die Feststellung, daß unter bestimmten Voraussetzungen ein bestimmter Ausbringungsverlauf zu erwarten ist, es kann jedoch nichts über die letzten Gründe dieser Erscheinung aussagen. Jeder Analogieschluß, mit dem das Bodenertragsgesetz auf andere Produktionsbereiche übertragen wird, ist demzufolge von vornherein mit einer gewissen Fragwürdigkeit behaftet, die sich nur aufheben läßt, wenn es gelingt, den *Ursachenkomplex* der Ausbringungsveränderung zu entwirren. Darüber hinaus ist zu berücksichtigen, daß der S-förmige Ausbringungsverlauf selbst für die Feldproduktion nicht mit Sicherheit erwartet werden kann, sondern bisher nur in sehr bescheidenem Umfang, und auch nur für die Grundfassung des Bodenertragsgesetzes, bestätigt werden konnte[11].

Neben diesen Überlegungen, die den zweifelhaften Aussagewert des Analogieschlusses im speziellen Falle bereits andeutungsweise erkennen lassen, ist die Frage von Interesse, welcher *Erkenntniswert* einem Analogieschluß grundsätzlich zugeschrieben werden darf. Der Analogieschluß beruht auf der Annahme, daß Gegenstände, die inbezug auf gewisse Eigenschaften übereinstimmen, auch inbezug auf andere Eigenschaften übereinstimmen. Es ist offensichtlich, daß sich diese Ableitung nicht logisch zwangsläufig vollzieht, denn die Übereinstimmung in einzelnen Punkten macht keineswegs die Übereinstimmung auch in anderen Punkten, auf die geschlossen wird, notwendig. Der Analogieschluß kann demzufolge lediglich die *Vermutung* zum Inhalt haben, daß in den fraglichen Punkten eine Übereinstimmung vorliegt. Juhos[12] sagt zu dieser Frage: „Aus einer festgestellten Ähnlichkeit kann niemals logisch notwendig abgeleitet werden, ob die ‚Analogie' noch weiter, bzw. wie weit sie reicht. Alle diesbezüglichen Schlüsse sprechen immer nur logisch nicht begründbare Hypothesen aus, weswegen Analogieschlüsse niemals logisch gültig, sondern bestenfalls nachprüfbare Vermutungen sind.“ Selbst wenn also die inneren Zusammenhänge zwischen einer Ursache und ihrer Wirkung vollkommen bekannt wären und in dieser Erscheinung ein für einen bestimmten Bereich als wahr erkanntes empirisches Gesetz gesehen werden könnte, ließe sich mit der Folgerung, daß

[11] Vgl. Abschnitt I 4.
[12] Juhos [Analogieschlüsse] 128.

dieses Gesetz in einem anderen, gewisse Übereinstimmungen aufweisenden Bereich ebenfalls gelten wird, kein neues Gesetz konstituieren, sondern lediglich eine *Hypothese* aufstellen. Für den Analogieschluß von der Feldproduktion auf die industrielle Produktion ergibt sich hieraus, daß die auf diesem Wege gewonnene Aussage über den Ausbringungsverlauf der industriellen Produktion selbst dann nicht zu einem Ertragsgesetz der Industrie im echten Sinne führen kann, wenn das Bodenertrags„gesetz" ein Gesetz wäre. Mit diesem Analogieschluß ist in jedem Falle nur eine Hypothese zu begründen, die zu verifizieren wäre. Bis zur Verifizierung hat die Ableitung heuristischen Wert, soweit sie die Forschung nicht offensichtlich in eine falsche Richtung lenkt.

Mellerowicz[13] behauptet im Zusammenhang mit seiner Auseinandersetzung mit Gutenberg, daß es erkenntnistheoretisch unsinnig sei, „ein Gesetz, das rein hypothetischen Charakter trägt, anders als aus der Erfahrung zu begründen oder zu widerlegen". Wollte man dieser Auffassung uneingeschränkt folgen, so bliebe für die weitere Beurteilung der Übertragung des Bodenertragsgesetzes auf die Industrie im Anschluß an die Feststellung, daß es sich hierbei lediglich um eine Hypothese handeln kann, nur die Möglichkeit, empirische Untersuchungen anzustellen oder bereits vorliegende Untersuchungen auszuwerten. Da eine Hypothese jedoch eine wohlerwogene Annahme sein sollte und die Annahme im vorliegenden Falle unter Hinweis auf analoge Verhältnisse gestützt wird, dürfte es erkenntnistheoretisch durchaus sinnvoll sein, die Triftigkeit des Analogieschlusses als Kriterium der Haltbarkeit der Hypothese zu verwenden. Es ergibt sich damit aus dem Umstand, daß die für die industrielle Produktion aufgestellte Ausbringungsaussage keine unmittelbar aus der Erfahrung gewonnene, sondern eine lediglich *abgeleitete* Hypothese darstellt, die Berechtigung, mit der Überprüfung der Triftigkeit des Analogieschlusses eine Stellungnahme zur Haltbarkeit dieser Hypothese zu verbinden. Gutenberg, der neben anderen Wegen auch diesen Weg zur Untersuchung des Ertragsgesetzes eingeschlagen hat, wird von Mellerowicz insoweit zu Unrecht kritisiert.

Aus den zitierten Äußerungen Vogelsteins ist ersichtlich, daß er das Bodenertragsgesetz nicht nur auf die Industrie überträgt, sondern darüber hinaus eine Erweiterung zu einem „einheitlichen Ertragsgesetz aller Produktion" vornimmt. Dem Analogieschluß folgt damit ein *Induktionsschluß,* mit dem von der als erwiesen angenommenen prinzipiellen Übereinstimmung zwischen den Ausbringungsverläufen der landwirtschaftlichen und der industriellen Produktion auf die prinzipielle Übereinstimmung der Ausbringungsverläufe jeglicher Produktion geschlossen wird. Diese zuversichtliche Einstellung zu der Frage, welcher Gültigkeitsbereich dem Ertragsgesetz zuzusprechen sei, findet

[13] Mellerowicz [Kostenkurven] 344.

sich nicht nur bei Vogelstein, sie ist weit verbreitet und kommt auch bei Marshall zum Ausdruck: „And what is true of building land is true of many other things." Wenn in den folgenden Abschnitten im wesentlichen nur die Argumente geprüft werden sollen, die im Zusammenhang mit der Übertragung des Bodenertragsgesetzes auf die Industrie vorgebracht worden sind, so ist das Ergebnis doch gleichzeitig auch für die Beurteilung der *Verallgemeinerungen* wesentlich, denn der Induktionsschluß kann erst dann vorgenommen werden, wenn sich der Analogieschluß als sinnvoll erwiesen hat.

Gegen die hier betonte Verkoppelung des Induktionsschlusses mit dem Analogieschluß ließe sich einwenden, daß die vorgebrachten Begründungen der Allgemeingültigkeit des bodenertragsgesetzlichen Ausbringungsverlaufes nicht nur auf Analogieschlüssen beruhten, sondern darüber hinaus aus den in jeder Produktion anzutreffenden Gegebenheiten abgeleitet worden seien, die Hypothese also eine doppelte Sicherung erfahren habe. So verweist Vogelstein beispielsweise auf den steigenden Aufwand von Kapital und Arbeit bei einer Ausweitung der Produktion auf begrenztem Raum, sowie auf die allgemeine Erscheinung der Proportionalität und Disproportionalität und Marshall führt die begrenzte Leistungsfähigkeit der Maschinen an[14]. Hieraus könnte gefolgert werden, daß keine unbedingte Notwendigkeit für einen Analogieschluß bestände, und zwar weder zur Sicherung der Behauptung, daß das Bodenertragsgesetz prinzipiell auch in anderen Produktionen gelte, noch, daß es allgemeingültig sei. Die nähere Betrachtung der Deduktionen zeigt nun aber, daß sich denknotwendigerweise weder ein allmählich abnehmender noch ein S-förmiger Ausbringungsverlauf ergeben muß. Die Feststellungen, mit denen bereits die Auffassung von der Denknotwendigkeit des Bodenertragsgesetzes zu widerlegen war, gelten auch hier uneingeschränkt. Damit erweist sich der vorgesehene Untersuchungsgang, der über die Beurteilung der Triftigkeit des Analogieschlusses zu einer Aussage über die Haltbarkeit der Übertragung des Bodenertragsgesetzes führen soll, als durchaus gerechtfertigt.

2. Das kritische Merkmal der Feldproduktion

Zum Nachweis der Triftigkeit des Analogieschlusses vom Ausbringungsverlauf der Feldproduktion auf den Ausbringungsverlauf der industriellen Produktion müßte gezeigt werden, daß *sämtliche,* mit den Ausbringungsverläufen in Zusammenhang stehenden Eigenschaften beider Produktionen den Analogieschluß zulassen. Zum Nachweis, daß der Analogieschluß nicht triftig ist, bedarf es dagegen nur der Auffindung eines *einzigen,* den Zusammenhang wesentlich bestimmenden

[14] Marshall [Economics] 170.

Merkmales der Feldproduktion, das für die industrielle Produktion nicht zutreffend ist.

Wesentliche Merkmale der bodenertragsgesetzlichen Feldproduktion, die mit dem Ausbringungsverlauf in Beziehung stehen, sind die im ersten Teil dieser Arbeit determinierten Einsatzbedingungen. Von diesen Einsatzbedingungen erweist sich die Bedingung, daß die konstante Einsatzgütergruppe aus den Einsatzgütern Boden, Saatgut und Bestellarbeit bestehen muß, als ein für die Übertragung äußerst *kritisches Merkmal*, da nur die Feldproduktion durch eine derartige Güterkombination gekennzeichnet ist. Für den unmittelbar variierten Einsatz ergeben sich im Gegensatz hierzu keine offensichtlichen Übertragungsschwierigkeiten, denn für diesen Einsatz sind nicht die Güter, sondern lediglich die für den Ausbringungsverlauf wesentlichen Bedingungen ihres Einsatzes fixiert, deren Realisierung auch in der industriellen Produktion nicht undenkbar ist. Die Untersuchung wendet sich demzufolge zweckmäßigerweise direkt der *konstanten* Einsatzgütergruppe des Bodenertragsgesetzes zu, die in dieser Form nicht nur Bedingung der Grundfassung des Bodenertragsgesetzes und des Bodenertragsgesetzes engerer Fassung ist, sondern *immer* zugrunde gelegt werden muß, wenn das Bodenertragsgesetz mit der ursprünglichen Beschreibung und mit der Realität vereinbar formuliert werden soll.

Wenn sich im Hinblick auf den *bestellten Boden* der Feldproduktion überhaupt eine Übereinstimmung zwischen der Feldproduktion und der industriellen Produktion aufzeigen lassen soll, dann muß versucht werden, die für den Ausbringungsverlauf wesentlichen Merkmale dieser Einsatzgütergruppe zu erfassen. Ergeben sich auf dieser Ebene übereinstimmende Merkmale, so kann der äußerliche Unterschied beider Produktionen vernachlässigt werden.

Die unterschiedliche Ausbringungshöhe der alternativen Kombinationen wird durch die Veränderung der Einsatzmengen der unmittelbar variierten Einsatzgüter ausgelöst. Wie die Untersuchung der im Rahmen des Bodenertragsgesetzes bedingten Konstanz des Einsatzgutes Boden ergab, bezieht sich diese Bedingung lediglich auf die Bereitstellung des Leistungspotentiales, nicht aber auf den Einsatz, der in Abhängigkeit vom unmittelbar variierten Einsatz einer mittelbaren Variation unterliegt. In dieser *veränderlichen Potentialabgabe* des Bodens ist offensichtlich eine Eigenschaft zu sehen, die im Hinblick auf den Ausbringungsverlauf ein wesentliches Merkmal dieses Einsatzgutes darstellt. Hiermit ist jedoch das Wesen der konstanten Einsatzgütergruppe in ihrer Gesamtheit noch nicht vollends erfaßt, denn die veränderliche Potentialabgabe kann lediglich die Ausbringungsveränderung an sich, nicht aber die spezifische Ausbringungsveränderung, die vom Bodenertragsgesetz behauptet wird, erklären.

Ein Ansatzpunkt, der über das passive Moment der konstanten Einsatzgütergruppe, der unterschiedlichen Ausnutzbarkeit des Bodens, hinausführen kann, ist darin zu sehen, daß im Rahmen der bodenertragsgesetzlichen Betrachtung nicht nur der Boden schlechthin, sondern der *bestellte* Boden konstant bereitgestellt werden muß. Neben dem Boden als Nährstoffreservoir und Anbaufläche sind demzufolge für die alternativen Kombinationen auch die eigentlichen Ausbringungsträger der Feldproduktion, die *pflanzlichen Organismen,* konstantes Einsatzgut. Aus dieser Bedingung läßt sich das weitere Wesensmerkmal der konstanten Einsatzgütergruppe ableiten, das nicht nur in Beziehung zur Ausbringungsveränderung an sich, sondern darüber hinaus auch in Beziehung zu der besonderen Form der Ausbringungsveränderung steht, die Gegenstand der Übertragungsversuche ist. Soll nämlich die Veränderung der unmittelbar variierten Einsatzgüter zu einer Veränderung der Ausbringung führen, obwohl die Ausbringungsträger konstantes Einsatzgut sind, dann müssen sie notwendigerweise über ein entsprechendes *Anpassungsvermögen* verfügen. Aus diesem Anpassungsvermögen resultiert ein *Anpassungsvorgang* eindeutig *physiologischer Art,* der sich im Rahmen eines begrenzten pflanzlichen Leistungsvermögens vollzieht und aus einer Unzahl physiologischer Einzel- und Teilreaktionen zusammengesetzt ist, die sämtlich in enger Beziehung zum Ausbringungsvorgang und auch in enger Beziehung zur Veränderung der Ausbringung stehen.

Dieser *pflanzenphysiologische Anpassungsprozeß,* der das aktive Moment der konstanten Einsatzgütergruppe darstellt, ist von der pflanzenphysiologischen Forschung in zwei Teilprozesse zerlegt worden, von denen der erste die mit der Nährstoff*aufnahme,* der zweite die mit der Nährstoff*verwertung* in Zusammenhang stehenden pflanzlichen Reaktionen umfaßt[15]. Diese Zweigliederung führte gleichzeitig zu einer Auflösung der im allgemeinen betrachteten Beziehung „Zugeführte Wachstumsfaktoren - Ertrag“ in die beiden Beziehungen „Zugeführte Wachstumsfaktoren - Aufnahme“ und „Aufnahme - Ertrag“, deren nähere Untersuchung nach *Boguslawski* wesentlich zur Interpretation des Ertragsgesetzes beitragen könne. Aus dem zusammenfassenden Bericht, mit dem Boguslawski die Untersuchungen dieser beiden Teilbeziehungen skizziert, ist ersichtlich, daß diese Interpretationen des Ertragsgesetzes vorwiegend jedoch nur auf das quantitative Moment ausgerichtet worden sind. So wurden Kurven für die Nährstoffaufnahme und für die Nährstoffverwertung in Abhängigkeit von der Veränderung der eingesetzten Düngermengen abgeleitet und der Ertragskurve gegenübergestellt. Interessant ist an den Kurvendarstellungen, daß Aufnahme und

---

[15] Vgl. hierzu Boguslawski [Ertragsgesetz] 960—961.

Verwertung erhebliche Abweichungen voneinander aufweisen und daß der entscheidende Einfluß, der zu einer Abnahme des Ausbringungszuwachses führt, wahrscheinlich nicht vom Aufnahmevermögen, sondern vom *Verwertungsvermögen* ausgeht. Ausdrückliche Angaben über das qualitative Moment der Ausbringungsveränderung, insbesondere also über die Deutung der vielfältigen pflanzenphysiologischen Einzel- und Teilreaktionen im Hinblick auf die Ausbringungsveränderung, enthält der Bericht dagegen nicht. Diese Frage, deren Beantwortung für die Beurteilung der Übertragungsversuche sehr wesentlich wäre, ist von pflanzenphysiologischer Seite offensichtlich auch nicht näher untersucht worden, denn bei Boguslawski findet sich der ausdrückliche Vermerk, daß die qualitative Betrachtung im Zusammenhang mit dem Ertragsgesetz allgemein entfalle. Auch *Rippel*[16], der über den S-förmigen Verlauf der Ausbringungskurve bei Versuchen mit Pilzen berichtet, stellt inbezug auf den Wendepunkt lediglich fest, daß es sich hier möglicherweise um einen Punkt von besonderem physiologischen Interesse handele. Damit stößt der Versuch, das Wesen der konstanten Einsatzgütergruppe der Feldproduktion näher zu ergründen, auf ein pflanzenphysiologisch weitgehend *unerforschtes Gebiet* und erreicht die Grenze, die von wirtschaftswissenschaftlicher Seite nicht zu überschreiten ist.

Die Analyse hat damit zu der Erkenntnis geführt, daß die konstante Einsatzgütergruppe der Feldproduktion einerseits aus einem *Nährstoffreservoir* besteht, das unterschiedlich ausnutzbar ist, und daß sie andererseits über ein Anpassungsvermögen pflanzlicher Organismen verfügt, dem ein *pflanzenphysiologischer*, für die Ausbringungsveränderung entscheidender *Anpassungsprozeß* entspringt. Während nun das Nährstoffreservoir in allgemeinerer Betrachtung möglicherweise als Vorrat an Produktionsstoffen und das pflanzliche Anpassungsvermögen als Leistungsspanne eines Potentialeinsatzgutes aufgefaßt werden kann, versagt der Versuch, brauchbare Merkmale für den pflanzlichen Anpassungsprozeß abzuleiten, vollends. Der Grund hierfür ist darin zu sehen, daß für den Analogieschluß nur solche Merkmale des Anpassungsvorganges beachtlich sein können, die inbezug auf die spezifische Form der Ausbringungsveränderung wesentlich sind, gerade diese Merkmale aber nicht erfaßt werden können, da der aus einer Unzahl pflanzenphysiologischer Einzel- und Teilreaktionen zusammengesetzte Anpassungsvorgang hinsichtlich seiner Wirkung auf die Veränderung der Ausbringung *unerforscht* ist. Nach den bisherigen Überlegungen besteht damit keine Möglichkeit, den Unterschied beider Produktionsbereiche für den Analogieschluß zu überbrücken.

---

[16] Rippel [Ertragsgesetz] 615.

3. Die Frage nach der Triftigkeit des Analogieschlusses

Mit dem Anpassungsprozeß pflanzlicher Organismen wurde ein für den Analogieschluß vom Ausbringungsverlauf der Feldproduktion auf den Ausbringungsverlauf der industriellen Produktion äußerst kritisches Merkmal aufgezeigt, das die Analogie zumindest fragwürdig erscheinen läßt. Um so überraschender ist es, daß gerade dieses Unterscheidungsmerkmal in der Literatur keine ausreichende Beachtung gefunden hat und die vielfältigen Übertragungen des Bodenertragsgesetzes unter Hinweis auf allgemeinere Merkmale eine bedenkenlose Begründung fanden. Zur eingehenderen Beurteilung dieser Diskrepanz sind zwei Fragen zu beantworten, die sich aus den beiden, für die Überprüfung eines Analogieschlusses wesentlichen Kriterien ergeben. Das erste Kriterium führt zu der Frage, ob der pflanzliche Anpassungsvorgang einen der Analogie widersprechenden Unterschied begründet, und das zweite, ob die in der Literatur genannten, übereinstimmenden Merkmale in hinreichend enger Beziehung zum Ausbringungsverlauf — einerseits der Feldproduktion, andererseits der industriellen Produktion — stehen. Soll der Analogieschluß nicht am Merkmal des pflanzenphysiologischen Anpassungsprozesses scheitern, dann muß sich die erste Frage eindeutig verneinen und die zweite Frage eindeutig bejahen lassen.

a) Das Argument des Widerspruches

Der Anpassungsakt pflanzlicher Organismen ist Merkmal der Feldproduktion, er ist aber nicht Merkmal der industriellen Produktion. Da dieser Anpassungsvorgang in äußerst enger Beziehung zum Ausbringungsverlauf der Feldproduktion steht, fällt diesem Merkmal im vorliegenden Zusammenhang allem Anschein nach eine ähnliche Bedeutung zu, wie dem Merkmal der Atmosphäre für den wiedergegebenen nicht triftigen Analogieschluß. Bevor jedoch die naheliegende Frage, ob damit auch die Analogie zwischen den Ausbringungsverläufen als widerspruchsvoll angesehen werden muß, beantwortet werden kann, ist auf einen Unterschied näher einzugehen, durch den sich die genannten beiden Sachverhalte sehr wesentlich voneinander abheben.

In dem zitierten Beispiel für einen nicht triftigen Analogieschluß stehen sich zwei Merkmale gegenüber, deren Beziehungen zum Tatbestand der Lebensmöglichkeit organischer Wesen völlig eindeutig sind, so daß vom Merkmal der fehlenden Atmosphäre ohne weiteres auf die nicht bestehende Lebensmöglichkeit und damit auf den Widerspruch der auf anderen übereinstimmenden Merkmalen aufgebauten Analogie zu schließen ist. Anders verhält es sich dagegen mit dem pflanzlichen Anpassungsakt, denn hier sind die Beziehungen zum Tatbestand des Ausbringungsverlaufes der Feldproduktion komplexer Natur und unerforscht. Es ist somit immerhin denkbar, daß für diesen spezifischen, in seiner Besonderheit noch nicht erkannten pflanzlichen Anpassungsprozeß in der industriellen Produktion ein äußerlich anderer, inbezug auf den Ausbringungsverlauf der industriellen Produktion jedoch gleichermaßen wirksamer Anpassungsvorgang aufgezeigt werden kann. Da tatsächlich auch in der industriellen Produktion Anpassungsvorgänge von erheblicher Bedeutung sind, deren Beziehung zum Ausbringungsverlauf unverkennbar ist, läßt sich die *Möglichkeit* nicht ausschließen, daß die für den Ausbringungsverlauf der Feldproduktion entscheidenden Merkmale auch in der industriellen Produktion nachzuweisen sind. Der Analogieschluß vom Ausbringungsverlauf der Feldproduktion auf den Ausbringungsverlauf der industriellen Produktion kann somit im Hinblick auf einen einerseits pflanzlichen und einen andererseits nicht pflanzlichen Anpassungsvorgang nicht ohne weiteres als widerspruchsvoll bezeichnet werden.

Wenn es nach diesen Überlegungen auch denkbar ist, daß sich zwischen der Feldproduktion und der industriellen Produktion übereinstimmende, den Ausbringungsverlauf letztlich in gleicher Weise bestimmende Merkmale nachweisen lassen, so ist es andererseits beim gegenwärtigen Stand der Wissenschaft keinesfalls möglich, den Zweifeln an der Widerspruchsfreiheit den Boden zu entziehen. Vielmehr dürfte es wahrscheinlich sein, daß sich die pflanzenphysiologische Anpassung *grundlegend anders* auswirkt als die Anpassung der Maschinen und, falls das Arbeitspotential als konstantes Einsatzgut behandelt wird, auch der Menschen.

Das Bodenertragsgesetz ist ein rein *pflanzenphysiologisches* Gesetz[17], das Industrieertragsgesetz — wenn sich ein derartiges Gesetz im übertragenen Sinne überhaupt aufstellen ließe — wäre dagegen ein *technologisches* und gleichzeitig wohl *arbeitsphysiologisches* Gesetz, das von den Effizienzkurven der Aggregate und den Effizienzkurven der menschlichen Arbeitsleistungen bestimmt wird. Da sich der Nachweis nicht erbringen läßt, daß die den Ausbringungsverlauf letztlich bestimmenden Merkmale des technologischen bzw. arbeitsphysiologischen Anpassungsvorganges mit den entsprechenden Merkmalen des pflanzenphysiologischen Anpassungsvorganges übereinstimmen, bleibt die *Vermutung des Widerspruches* als begründeter und äußerst gewichtiger Einwand gegen die Triftigkeit des Analogieschlusses bestehen[18]. Diese Auffassung fin-

---

[17] Vgl. auch Brentano [Agrarpolitik] 106.

[18] Die Unerforschtheit der bestimmenden Merkmale der verschiedenartigen Anpassungsvorgänge läßt es in umgekehrter Schlußrichtung auch nicht zu, von dem vereinzelt nachgewiesenen S-förmigen Ausbringungsverlauf technischer Aggregate darauf zu schließen, daß den Erscheinungen ein gemeinsamer, zu verallgemeinernder innerer Sachverhalt zugrunde liegt. Vgl. hierzu Gälweiler [Produktionskosten] 39—43 und 113.

det sich in sehr ähnlicher Form bereits bei *Kläb* bestätigt. Kläb betont, daß die den Pflanzenertrag bestimmenden physiologischen Voraussetzungen auf die industrielle Produktion nicht übertragbar seien und daß der naturgesetzliche Ausgangspunkt als wesentlich verschieden angesehen werden müsse[19].

b) Das Argument der zu weitläufigen Beziehung

Aus dem zweiten, für die Beurteilung eines Analogieschlusses wesentlichen Kriterium ergab sich die Frage, ob die in der Literatur zur Begründung des Analogieschlusses verwendeten Merkmale in hinreichend enger Beziehung zu den Ausbringungsverläufen stehen. Hierbei ist es nach den bisherigen Überlegungen von vornherein unzweifelhaft, daß jeder Versuch, die Triftigkeit dieses Analogieschlusses mit Merkmalen zu begründen, die nicht über ein tieferes Eindringen in die pflanzenphysiologischen, technologischen und arbeitsphysiologischen Anpassungsvorgänge gewonnen worden sind, ein Übertragungsversuch mit *unzulänglichen Mitteln* bleiben muß. Sämtliche sonstigen nachweisbaren Übereinstimmungen zwischen beiden Produktionen können nur auf Merkmale gestützt sein, die in einer weniger engen Beziehung zu den Ausbringungsverläufen stehen als die vielfältigen Einzel- und Teilreaktionen der komplexen Anpassungsvorgänge, von denen die Ausbringungsverläufe entscheidend bestimmt werden. Wie sich zeigen wird, sind die in der Literatur vorgefundenen Begründungen der Analogie durchweg mit diesem Mangel der zu weitläufigen Beziehung behaftet, der beim gegenwärtigen Stand des Wissens auch kaum zu beheben sein dürfte.

Ein sehr deutliches Beispiel für ein Merkmal, das zwar in beiden Produktionen anzutreffen ist, das mit dem Ausbringungsverlauf jedoch nur über vielfältige sonstige Einflußgrößen in Beziehung steht, ist der *konstante Boden*. Im ersten Ansatz seines Übertragungsversuches stützt sich *Vogelstein*[20] auf dieses Merkmal, das beiden Produktionen unter entsprechender Voraussetzung durchaus gemeinsam ist. „Zusätzliche Mengen von Kapital und Arbeit geben auch in der Landwirtschaft nur dann sinkende Erträge, wenn der Grund und Boden beschränkt ist. Ist aber der Grund und Boden beschränkt, so trifft das gleiche auch für die Industrie zu. Niemand bestreitet, daß die Produktion von Garn auf einem engen Raum z. B. einem Hektar von einem Punkt an nur noch unter steigendem Aufwand von Kapital und Arbeit möglich ist, oder andersherum ausgedrückt, daß gleiche Verwendung von Kapital und Arbeit auf demselben Grund und Boden relativ sinkende, zum Schluß sogar absolut sinkende Erträge ergeben.“ Vogelstein verweist an dieser Stelle auf

19 Kläb [Gesetz] 288 (Sperrungen weggelassen).

20 Vogelstein [Ertragsgesetz] 776 f.

die englisch-amerikanische Literatur von Marshall an, in der diese Argumentation eine wesentliche Rolle spielt. So sagt z. B. *Carver*[21]: „This law of diminishing returns applies not only to agriculture, but to manufacturing and other industries as well... It must be remembered that the law of diminishing returns relates to the amount which can be produced on a given piece of land by varying amounts of labor and capital. It means simply that, after a certain point, the amount that can be produced on any given piece of land does not increase in proportion to the labor and capital used. Obviously the same proposition holds true of manufacturing..." Als weiteres Beispiel aus der deutschen Literatur sei die Aussage von *Weiß*[22] zitiert: „Das Gesetz vom abnehmenden Bodenertrag gilt... im statischen Zustande, ebenso wie für den Ackerbau nicht nur für die anderen Zweige der Urproduktion, sondern auch für die Industrie. ... Auch in der gewerblichen Produktion ist es nicht möglich, auf einer beliebig kleinen Bodenfläche eine beliebig große Gütermenge zu erzeugen."

Zu dem in dieser Weise begründeten Analogieschluß ist festzustellen, daß der konstante, unbestellte Boden selbst für den Ausbringungsverlauf der Feldproduktion nicht das entscheidende Merkmal ist, sondern die Art und Weise, in der sich die über ein begrenztes Leistungsvermögen verfügenden, konstant eingebrachten Pflanzen auf einer begrenzten Bodenfläche anpassen. Die Begrenztheit des Bodens wird nur über den pflanzenphysiologischen Anpassungsvorgang wirksam und spielt überhaupt keine Rolle, wenn sich das pflanzliche Anpassungsvermögen erschöpft, bevor sich aus der Verminderung der Bodenvorräte Hemmnisse ergeben. Mit dem Tatbestand des begrenzten Bodens läßt sich weder der Ausbringungsverlauf der Feldproduktion, noch der Ausbringungsverlauf der industriellen Produktion unmittelbar begründen. Für den Analogieschluß ist dieser Tatbestand ein Merkmal, das in einer zu weitläufigen Beziehung zu der Tatsache steht, inbezug auf welche die Analogie gefolgert wird. Bei einer näheren Betrachtung der Stellung dieses Tatbestandes im Produktionsprozeß und seiner Beziehung zum Ausbringungsverlauf ergibt sich für beide Produktionen darüber hinaus ein recht wesentlicher Unterschied, der einer Überlegung wert gewesen wäre. Wie beispielsweise *Diehl*[23] betont, ist der Boden für die Feldproduktion *Nährstofflager*, für die industrielle Produktion dagegen lediglich *Stando*rt, soweit von Abbaubetrieben abgesehen werde.

Weitaus verbreiteter als die Verwendung des konstanten Bodens als übereinstimmendes Merkmal ist die Verwendung *abstrakter*, vom Einsatzgut Boden losgelöster Tatbestände, mit denen nicht nur die Über-

---

21 Carver [Wealth] 63—64 (Sperrungen weggelassen).
22 Weiß [Ertrag] 14.
23 Diehl [Ertragsgesetz] 9.

tragung auf die Industrie, sondern darüber hinaus die Allgemeingültigkeit des Ertragsgesetzes begründet wird. Merkmale dieser Art sind die *Potentialkonstanz* eines Einsatzgutes und die hieraus abgeleiteten Merkmale der *veränderlichen Proportionen* zwischen dem konstanten Einsatzgut und den variablen Einsatzgütern, der *Elastizität der Produktionsbedingungen* und der (elastischen) *Komplementarität.* Die ersten Ansätze der Verallgemeinerung des Bodenertragsgesetzes auf der Grundlage der Potentialkonstanz dürften auf *Marshall*[24] zurückgehen, dessen Aussage zu dieser Frage bereits zitiert worden ist. Das Merkmal der veränderlichen Proportionen, das in diesem Zusammenhang ebenfalls in der englisch-amerikanischen Literatur anzutreffen ist, hat dort Anlaß gegeben, das allgemeine Ertragsgesetz als „law of variable proportions" zu bezeichnen. So sagt *Carver*[25]: „This law of diminishing returns has been called the great law of agricultural production. It is a part of a wider law, which may be called the law of variable proportions, which is the fundamental law of all production."

Unter Verwendung der genannten Merkmale setzt auch *Vogelstein* seinen Übertragungs- und Verallgemeinerungsversuch fort: „Wie man aber das Produktionselement Boden als gegeben annehmen und Kapital und Arbeit oder was sonst immer variieren kann, so ist es ebenso möglich, jedes andere Produktionselement festzulegen und die übrigen zu verändern[26]." Vogelstein kommt dann zu dem Ergebnis: „Das Gesetz abnehmenden Ertrages ist ein absolut gültiges Gesetz aller Variationen bei Gleichbleiben eines einzigen Elements von einem bestimmten Punkte an. Das gleiche gilt von dem Gesetz zunehmenden Ertrages bis zur Erreichung der optimalen Zuführung der anderen Produktionselemente[27]." „Alles ist mit den Worten Proportionalität und Disproportionalität ausgedrückt[28]." „Zunehmender Ertrag ist also die Folge einer Annäherung an die Proportionalität. Aller abnehmende Ertrag geht auf das Gegenteil zurück, auf steigende Disproportionalität[29]." Die Verallgemeinerung des Bodenertragsgesetzes auf dieser Grundlage findet sich auch schon bei *Schumpeter*[30], der für die Gültigkeit des Ertragsgesetzes voraussetzt, „daß die ganze Anlage der Unternehmung: Kapital-, Arbeiter-, Betriebsverhältnisse dieselben bleiben". Von der Menge ab, auf die die Unternehmung zugeschnitten ist, „mag dann ein Gesetz des abnehmenden Ertrages gelten; bis sie erreicht ist, aber gilt dann ein Gesetz des zunehmenden Ertrages". Selbst *Esslen*[31], der sich mit dem Er-

---

[24] Vgl. S. 95.
[25] Carver [Economy] 282. Vgl. auch Stigler [Price] 116.
[26] Vogelstein [Ertragsgesetz] 777.
[27] Vogelstein [Ertragsgesetz] 778.
[28] Vogelstein [Ertragsgesetz] 779.
[29] Vogelstein [Ertragsgesetz] 780.
[30] Schumpeter [Rentenprinzip] 44.
[31] Esslen [Gesetz, landwirtschaftlich] 377.

tragsgesetz unter pflanzenphysiologischem Gesichtspunkt auseinandergesetzt hat, begründet die Analogie zwischen der landwirtschaftlichen und der gewerblichen Produktion auf diese Weise: „Sehen wir uns nach einem analogen Beispiel in der gewerblichen Produktion um und fragen wir, was es zur Entscheidung unseres Problems beizutragen vermag. Da wird nun die Übereinstimmung darüber leicht zu erzielen sein, daß hier dem Felde von gegebener Ausdehnung eine bestimmte Größe des gewerblichen Betriebes entspricht oder bestimmte gleichbleibende Abmessungen der angewendeten Maschine."

Weddigen[32] verallgemeinert das Bodenertragsgesetz auf der Grundlage des Merkmales elastischer Produktionsbedingungen. „Der Elastizität der Produktionsbedingungen, die wir in der Landwirtschaft als Ursache des ersetzenden Eintretens von Produktionselementen für andere sowie der progressiven Mitheranziehung im Boden vorhandener Überschußelemente und damit als Haupterklärungsgrund des Bodenertragsgesetzes bezeichneten, entsprechen ähnliche Verhältnisse in der Industrie: ..." *Zwiedineck-Südenhorst* betont als Wesen der ertragsgesetzlichen Kombinationen die Komplementarität der Produktionsfaktoren und begründet mit diesem Merkmal die Allgemeingültigkeit des Ertragsgesetzes. „Im Zusammenhang mit der Komplementarität ist das Ertragsgesetz ohne Schwierigkeit als einheitliche, das ganze Produktionsgeschehen beherrschende Regelmäßigkeit erfaßbar. Alle Aufwandssteigerungen, die die eingesetzten Mittel der Komplementarität annähern, werden eine relativ zunehmende, jede Aufwandssteigerung, die ein Mittel über die der Komplementarität entsprechende Harmonie der Mittelmengen hinausführt, muß relativ abnehmende, schließlich sogar absolut sinkende Produktionserträge auslösen[33]." Unter Komplementarität der Produktionsmittel wird hierbei in sehr enger Begriffsfassung die Mengenkombination verstanden, die nach dem jeweiligen Stand des technischen Wissens das Ertragsoptimum (Höchstertrag) erreichbar macht[34], — also das Wirkungsverhältnis, das Vogelstein als Proportionalität bezeichnet. Als ein den Analogieschluß und die Verallgemeinerung des Bodenertragsgesetzes begründendes Merkmal ist weitgehend auch die Komplementarität im üblichen Sinne des elastischen Ergänzungsverhältnisses akzeptiert worden[35]. *Koch*[36] stellt hierzu fest: „In der Erkenntnis, daß in der Agrarproduktion Arbeitsleistungen, Düngemittel und Boden Güter komplementärer Verwendung sind und daß bei jeglicher Produktion komplementäre Güter Verwendung finden, erwei-

---

32 Weddigen [Ertrag] 215.

33 Zwiedineck-Südenhorst [Volkswirtschaftslehre] 128 (Sperrungen weggelassen).

34 Zwiedineck-Südenhorst [Volkswirtschaftslehre] 126 f.

35 Vgl. Mellerowicz [Kosten] 395.

36 Koch [Gültigkeitsbereich] 309.

terte die moderne Wirtschaftstheorie den Gültigkeitsbereich des Ertragsgesetzes auf alle Produktionszweige ..."

Auch gegen diese Übertragungs- und Verallgemeinerungsversuche auf der Grundlage des konstant bereitgestellten Potentiales, der veränderlichen Proportionen, der Elastizität der Produktionsbedingungen und der (elastischen) Komplementarität ist der Einwand zu erheben, daß die Beziehung, in der diese Merkmale zum Ausbringungsverlauf stehen, für die Begründung der Triftigkeit des Analogieschlusses *zu weitläufig* sind. In allen Fällen fehlt die Berücksichtigung der nach den bisherigen Erkenntnissen unterschiedlichen Anpassungsvorgänge grundverschiedener, konstanter Einsatzgüter, deren spezifisches Anpassungsvermögen für den Ausbringungsverlauf bestimmend ist. Über diesen Mangel, der gegen die Triftigkeit der zitierten Analogieschlüsse spricht, dürfen auch die beigegebenen, so überzeugend klingenden *deduktiven Begründungen* des Ertragsgesetzes nicht hinwegtäuschen, deren Fragwürdigkeit in diesem Zusammenhang auch *Diehl*[37] betont hat: „Wenn man für die weiterverarbeitende Industrie nachweist, daß gewisse ökonomische und technische Schranken einer völligen Ausnutzung der Massenproduktion entgegenstehen, so ist damit in keiner Weise gesagt, daß in Landwirtschaft und Industrie dieselbe Gesetzmäßigkeit des abnehmenden Ertrages gelte." Zudem darf daran erinnert werden, daß die zitierten Deduktionen lediglich eine Begrenzung der Ausbringung, nicht aber den vom Bodenertragsgesetz behaupteten Ausbringungsverlauf, nicht einmal die Phase des allmählich abnehmenden Ausbringungszuwachses[38] erklären können. So muß beispielsweise die von *Zwiedineck-Südenhorst* beschriebene Aufwandssteigerung, die den Aufwand an die Aufwandsgröße des Höchstertrages annähert und schließlich über diese Aufwandsgröße hinausführt, weder zu einem allmählich zunehmenden noch zu einem allmählich abnehmenden Ausbringungszuwachs führen. Die Unterstellung, daß es jeweils immer nur eine günstigste Kombination gibt, reicht somit nicht aus, um Abweichungen von der S-Form des Ausbringungsverlaufes auszuschließen. Da diese Unterstellung andererseits aber auch nicht die Gleichartigkeit derartiger Abweichungen zu begründen vermag, kann auch nicht behauptet werden, daß das Ertragsgesetz im Zusammenhang mit dieser Unterstellung als einheitliche, das ganze Produktionsgeschehen beherrschende Regelmäßigkeit erfaßbar sei.

In der neueren Diskussion um das Ertragsgesetz hat sich *Herrmann* bemüht, ein gemeinsames, die Analogie zwischen der Feldproduktion

---

[37] Diehl [Ertragsgesetz] 27.

[38] Es wurde bereits darauf eingegangen, daß die Diskrepanz zwischen den Bezeichnungen „abnehmender Ertrag" und „abnehmender Ertragszuwachs" nicht materiell, sondern wahrscheinlich nur formell besteht. Für die Frage nach der Triftigkeit des Analogieschlusses wäre selbst ein materieller Unterschied unbeachtlich.

und der industriellen Produktion begründendes Merkmal aufzuzeigen. Herrmann versucht zu erklären, worauf die Kombinationsmöglichkeit in unterschiedlichen Proportionen bzw. die elastische Komplementarität oder Substitutionalität zwischen den konstanten und den variablen Einsatzgütern zurückgeführt werden könne, und wirft damit die Frage nach dem Wesen des Anpassungsvermögens auf. Das gemeinsame, den Analogieschluß rechtfertigende Merkmal sieht Herrmann in der Polygenität substitutionaler Einsatzgüter. „So verschieden untereinander die Faktoren als Wirkungsganze auch sind, so ist ihnen doch gemeinsam, daß sie aus mehreren Strukturelementen zusammengesetzte, mehr oder weniger komplizierte Gebilde darstellen. Wir bezeichnen sie daher als ‚polygen'[39]." Darüber hinaus müßten die Einsatzgüter substitutional sein, was nach Herrmann bedeutet, daß die Strukturelemente der zur Kombination gehörigen verschiedenartigen Einsatzgüter fähig sein müssen, gleiche oder ähnliche technische, ökonomisch relevante Effekte zu erzeugen, so daß auch bei vermehrtem Einsatz nur eines Teiles der Einsatzgüter eine vermehrte Ausbringung möglich wird. Sind diese Voraussetzungen erfüllt, dann könne der vermehrte Einsatz Überschußelemente des konstanten Einsatzgutes in bestimmten Grenzen aktivieren, es müsse sich ein in dieser Weise gekennzeichneter Anpassungsakt vollziehen, und es würde das Ertragsgesetz gelten. In der Feldproduktion würden dann Überschußelemente des Bodens durch eine Erhöhung der Arbeitsquantitäten wirksam werden und in anderen Produktionen, in denen beispielsweise die Arbeit konstant eingesetzt wird, könne ein vermehrter Maschineneinsatz physische und geistig-seelische Überschußelemente im Faktor Arbeit nutzbar machen[40]. Herrmann schließt hieraus: „Das Ertragsgesetz, dessen Gültigkeit für die mit den polygenen Faktoren Boden, Arbeit und Kapital arbeitende Landwirtschaft unbestritten ist, gilt für jede andere aus polygenen, substitutionalen Potentialfaktoren zusammengesetzte produktive Kombination, daher auch für die industrielle Produktion, die sich der Faktoren Arbeit und Kapital bedient[41]." Wenn Herrmann auch bis zum Anpassungsvermögen der konstanten Einsatzgüter vordringt, so bleibt doch das Wesen des für die spezifische Ausbringungsveränderung entscheidenden Anpassungsvorganges nach wie vor verborgen, so daß auch mit diesen Reflexionen nichts gewonnen ist. Das Merkmal der polygenen substitutionalen Einsatzgüter ist nicht ausreichend, die Triftigkeit des Analogieschlusses vom Ausbringungsverlauf bei pflanzenphysiologischer Anpassung auf einen gleichartigen Ausbringungsverlauf, etwa bei Aktivierung physischer und geistig-seelischer Überschußelemente im Faktor Arbeit zu begründen.

---

[39] Herrmann [Ertragsgesetz] 411.

[40] Herrmann [Ertragsgesetz] 411—413.

[41] Herrmann [Ertragsgesetz] 498.

Abschließend soll die Verallgemeinerung des Bodenertragsgesetzes bei *Weddigen,* auf die bereits kurz hingewiesen wurde, näher untersucht werden, da Weddigen im Gegensatz zu der hier herausgearbeiteten Auffassung ausdrücklich die Ansicht vertritt, daß die Besonderheiten des Anpassungsvorganges grundverschiedener konstanter Einsatzgüter in diesem Zusammenhange keiner Berücksichtigung bedürfen. Weddigens Stellungnahme zu dieser Frage ist deshalb besonders beachtlich, weil er eine sehr gründliche Analyse des Bodenertragsgesetzes durchgeführt hat und hierbei auch auf den pflanzlichen Anpassungsprozeß als Bestimmungsgrund des S-förmigen Ausbringungsverlaufes eingegangen ist. So erklärt Weddigen[42] den zunehmenden Ausbringungszuwachs der Feldproduktion mit einem progressiv ansteigenden Nährstoffverbrauch der Pflanzen aus dem Boden und den abnehmenden Ausbringungszuwachs mit der ebenfalls auf das pflanzliche Anpassungsvermögen zurückzuführenden ersatzweisen Heranziehung weniger geeigneter Nährstoffe für verbrauchte Wachstumselemente. „Auch dies ist also ein Fall der teilweisen Vertretbarkeit der Wachstumsbedingungen, wobei der Grund der Erscheinung letzten Endes darin liegt, daß Pflanzen lebende Organismen sind, die sich umzustellen und anzupassen vermögen." Diese verschiedenen Gründe disproportionaler Ausbringungsveränderung, die die teilweise Vertretbarkeit der Produktionsbedingungen ausmachen, bezeichnet Weddigen dann zusammenfassend als Elastizität der Produktionsbedingungen, die zum Haupterklärungsgrund des Bodenertragsgesetzes erhoben wird. Bei der Verallgemeinerung des Ertragsgesetzes gibt Weddigen diesen ursprünglich pflanzenphysiologischen Inhalt des Merkmales „Elastizität der Produktionsbedingungen" auf und ersetzt ihn durch einen allgemeineren Inhalt, indem er sagt: „Wir finden diese Elastizität, wenn auch nicht ausschließlich, so doch vor allem da, wo Organismen, seien es Menschen, Tiere oder Pflanzen, jedenfalls Einheiten, die Eigenleben haben und sich daher anpassen und umstellen können, als mitwirkende Elemente in den Produktionsprozeß eintreten"[43].

Obwohl Weddigen im Gegensatz zu anderen Autoren sehr vorsichtig vorgeht und den S-förmigen Ausbringungsverlauf somit im wesentlichen nur dann behauptet, wenn ein *physiologischer* Anpassungsvorgang zu erwarten ist, bleibt durchaus offen, ob die Anpassung beispielsweise des Menschen, bei der auch geistig-seelische Momente bedeutsam sein können, tatsächlich zu einer mit der pflanzenphysiologischen Anpassung übereinstimmenden Wirkung führt. Es ist durchaus richtig, wenn Weddigen sagt, daß der Wirtschaftswissenschaftler es den Naturwissenschaften bzw. den Technologien überlassen muß, „für alle die vielen, ver-

---

[42] Weddigen [Ertrag] 199—200.
[43] Weddigen [Ertrag] 219.

schieden gelagerten Fälle mit ihren mannigfaltig verschiedenen Voraussetzungen in ebenso mannigfaltigen naturwissenschaftlichen Erkenntnissätzen festzustellen, ob jene Elastizität der Wachstums- oder sonstiger Erzeugungsbedingungen vorliegt, die es zur Folge hat", daß ein S-förmiger Ausbringungsverlauf zustande kommt, und weiterhin, daß der Wirtschaftswissenschaftler den ertragsgesetzlichen Ausbringungsverlauf nur für den Fall der Elastizität behaupten kann[44]. Es ist dann aber inkonsequent, trotz der verschieden gelagerten Fälle mit ihren mannigfaltig verschiedenen Voraussetzungen zu unterstellen, daß der allgemeine Tatbestand vertretbarer Produktionselemente den S-förmigen Ausbringungsverlauf hinreichend gewährleiste und es als gleichgültig angesehen werden könne, von welcher Art der physiologische, u. U. auch technolgische Anpassungsvorgang ansonsten sei. Da auch Weddigen nicht den Nachweis erbringen kann, daß die verschieden gelagerten Fälle mit ihren mannigfaltig verschiedenen Voraussetzungen bei Elastizität der Produktionsbedingungen in den Merkmalen übereinstimmen, die in enger Beziehung zu den Ausbringungsverläufen stehen, muß auch der von ihm durchgeführte Analogieschluß als nicht triftig bezeichnet werden. Der *Abkehr von den Besonderheiten* des Anpassungsvorganges grundverschiedener konstanter Einsatzgüter kann somit keinesfalls gefolgt werden[45].

Erst kürzlich hat Weddigen[46] wiederum die Ansicht vertreten, daß durch seine Einfügung der Voraussetzung „genügender Elastizität" ein „rein theoretisch exaktes und abstraktes Wirtschaftsgesetz im strengen, keine Ausnahme duldenden engeren Sinne des Gesetzesbegriffs" entstanden sei, das allgemein gelte. Wie jedoch gezeigt werden konnte, ist die Elastizität der Produktionsbedingungen, die auf unterschiedlichen Anpassungsvorgängen beruhen kann, keine den S-förmigen Ausbringungsverlauf hinreichend begründende Bedingung. Sie ist selbst dann nicht

---

44 Weddigen [Ertrag] 223.

45 Dieser Einwand richtet sich auch gegen die vor kurzem erschienene Untersuchung von Gälweiler [Produktionskosten], der nach einer sehr interessanten Typisierung der Kombinationsmöglichkeiten zwischen den Elementarfaktoren Apparatur, Arbeit, Energie und Stoff (155—162) zu dem Ergebnis kommt, daß zwischen den Produktionsvorgängen in Industrie und Landwirtschaft keine grundlegenden Unterschiede bestehen (162), da die Elementarkombinationen nach seiner Auffassung als gleichartig angesehen werden können. Für die hier vorliegende Frage ist diese Aussage deshalb von geringerer Bedeutung, weil die Gleichartigkeit dadurch erreicht wird, daß die Verschiedenartigkeit der Anpassungsvorgänge letztlich unbeachtet bleibt. Das ergibt sich insbesondere daraus, daß sowohl der Boden als auch die technischen Aggregate dem Elementarfaktor Apparatur zugerechnet werden. Für Gälweiler mag sich eine Berechtigung hierzu daraus herleiten, daß er unter Boden nicht die für die ertragsgesetzliche Betrachtung wesentliche Einheit Boden-Saat versteht, sondern die Saat abtrennt und zu den Stoffen rechnet. (Vgl. auch die Fußnote 11 auf Seite 15).

46 Weddigen [Ertragstheorie] 5.

hinreichend, wenn im Rahmen der Feldproduktion unter Elastizität der anfangs progressiv ansteigende Nährstoffverbrauch der Pflanzen aus dem Boden und die späterhin ersatzweise Heranziehung weniger geeigneter Nährstoffe verstanden wird, denn die Beziehung „Aufnahme-Ertrag“ muß keineswegs linear sein.

Für die erste Gruppe der Übertragungsversuche ergab sich die zu weitläufige Beziehung zwischen dem übereinstimmenden Merkmal und den Ausbringungsverläufen daraus, daß *äußere Tatbestände,* die keinen unmittelbaren Einfluß auf die Ausbringungsverläufe haben, wie etwa der konstante Boden, verwendet wurden, während das Anpassungsvermögen der konstanten Einsatzgütergruppe unberücksichtigt blieb. Für die zweite Gruppe der Übertragungsversuche, die gleichzeitig auch Verallgemeinerungsversuche darstellen, ist dagegen bezeichnend, daß zwar das *Anpassungsvermögen* als wesentlicher Tatbestand berücksichtigt wurde, daß aber die Besonderheiten der Anpassungs*vorgänge* grundverschiedener Einsatzgüter unbeachtet blieben oder daß ausdrücklich von diesen Besonderheiten abgesehen wurde. Wie sehr deutlich bei Weddigen nachzuweisen war, ist diesen Übertragungsversuchen gemeinsam, daß die für die Ausbringungsverläufe wesentlichen Merkmale nicht aus den verschiedenartigen Anpassungsvorgängen herausgearbeitet und auf ihre Übereinstimmung überprüft wurden, sondern daß die Übereinstimmung durch *Abstraktion von den Eigenarten* erreicht wurde, die für die Ausbringungsverläufe nach den gewonnenen Erkenntnissen gerade wesentlich sind. Die als übereinstimmende Merkmale verwendeten Tatbestände, etwa die Elastizität oder die elastische Komplementarität, können demzufolge lediglich die Bedeutung eines *Oberbegriffes* haben, der letztlich jedes Anpassungsvermögen, so auch das pflanzenphysiologische, das arbeitsphysiologische, das arbeitspsychologische und das technologische, umfaßt, der dafür aber notwendigerweise an Inhalt und hier an dem Inhalt verliert, der für den Analogieschluß beachtlich ist. Die auf diesem Wege erzielte Übereinstimmung der Merkmale ist für die Begründung der Triftigkeit des Analogieschlusses *völlig unzureichend.* Die Übertragung der für den Ausbringungsverlauf der Feldproduktion aufgestellten Behauptung auf andere Produktionen, an denen konstante Einsatzgüter anderer Art mitwirken, erfüllt nicht die Bedingungen, die an einen triftigen Analogieschluß gestellt werden müssen.

4. Die Unhaltbarkeit der Übertragung

Zur Beurteilung der Behauptung, das Bodenertragsgesetz gelte auch für die Industrie, war es erforderlich, Klarheit über die allgemeinen Bedingungen des Analogieschlusses zu gewinnen, der sich als Erkenntnisweg der Übertragungen erwies. Diesen Bedingungen zufolge kann der Analogieschluß vom Ausbringungsverlauf der Feldproduktion auf einen gleichartigen Ausbringungsverlauf der industriellen Produktion nur dann als triftig bezeichnet werden, wenn die als übereinstimmend herausgestellten Merkmale beider Produktionsbereiche in enger Beziehung zu den Ausbringungsverläufen stehen und beide Produktionsbereiche sich nicht durch Merkmale unterscheiden, für die ebenfalls eine enge Beziehung zu den Ausbringungsverläufen nachweisbar ist.

Wesentliche Merkmale der Feldproduktion im Hinblick auf den Ausbringungsverlauf sind die Einsatzbedingungen des Bodenertragsgesetzes, von denen zumindest die Bedingung des konstanten, bestellten Bodens nicht übertragbar ist, da nur die Feldproduktion durch eine Einsatzgütergruppe dieser Art gekennzeichnet wird. Jeder Versuch, zu Merkmalen dieser Einsatzgütergruppe vorzudringen, die einerseits in enger Beziehung zum Ausbringungsverlauf der Feldproduktion stehen, die andererseits aber auch mit entsprechenden Merkmalen der industriellen Produktion übereinstimmen, scheitert an der *Unerforschtheit des pflanzenphysiologischen Anpassungsvorganges.* Der wesentliche Einfluß dieses komplexen Tatbestandes auf den Ausbringungsverlauf der Feldproduktion ist fraglos gegeben, seine verlaufsbestimmenden Merkmale lassen sich jedoch aus der Vielzahl der pflanzenphysiologischen Einzel- und Teilreaktionen nicht herauslösen.

Die Unerforschtheit des pflanzenphysiologischen Anpassungsvorganges schließt es aus, den Analogieschluß trotz des offensichtlichen Unterschiedes, der zwischen beiden Produktionen besteht, eindeutig als widerspruchsvoll zu bezeichnen. Die *Vermutung des Widerspruches* ist zwar sehr naheliegend, da es als unwahrscheinlich angesehen werden muß, daß die für den Ausbringungsverlauf der Feldproduktion beachtlichen Merkmale des pflanzenphysiologischen Anpassungsvorganges auch für die arbeitsphysiologischen, arbeitspsychologischen und technologischen Anpassungsvorgänge der industriellen Produktion kennzeichnend sind. Es bleibt aber zumindest denkbar, daß sich durch ein tieferes Eindringen in das Wesen dieser Anpassungsvorgänge übereinstimmende, mit den Ausbringungsverläufen in enger Beziehung stehende Merkmale aufdekken lassen.

Die Unerforschtheit des pflanzenphysiologischen Anpassungsvorganges ist andererseits der Grund dafür, daß der Analogieschluß *nicht als triftig* bezeichnet werden darf. Für die Übertragungsversuche bleiben nur Merkmale verfügbar, von denen sich nicht behaupten läßt, daß sie das Wesen des für den Ausbringungsverlauf der Feldproduktion letztlich bestimmenden pflanzenphysiologischen Anpassungsvorganges kennzeichnen und die damit auch nicht geeignet sind, die Triftigkeit des Analogieschlusses zu sichern. Die in der Literatur vorgefundenen Übertragungen des Bodenertragsgesetzes auf die industrielle Produktion und die Verallgemeinerungen des Bodenertragsgesetzes zu einem Gesetz jeglicher Produktion sind sämtlich mit diesem Mangel behaftet. Dieser Mangel kann nur behoben werden, wenn es gelingen würde, die für den Ausbringungsverlauf der Feldproduktion wesentlichen Merkmale des pflanzenphysiologischen Anpassungsvorganges zu erfassen und nachzuweisen, daß diese Merkmale auch für die grundverschiedenen Anpassungsvorgänge der industriellen Produktion kennzeichnend sind und den Ausbringungsverlauf der industriellen Produktion in gleicher Weise bestimmen. Darüber hinaus müßte dann noch der Nachweis erbracht werden, daß sich die sonstigen Bedingungen des Bodenertragsgesetzes, deren Übertragbarkeit bisher nicht untersucht worden ist, ohne einen Widerspruch zu begründen, übertragen lassen. Mit dem Bestätigungsgrad der Grundfassung des Bodenertragsgesetzes kann jedoch auch in diesem Falle nur dann gerechnet werden, wenn entweder von der Grundfassung selbst oder von der engeren Fassung des Bodenertragsgesetzes ausgegangen worden ist.

Angesichts dieses Ergebnisses dürfte es recht bedenklich sein, der weit verbreiteten Behauptung von *Clark* zu folgen, daß dieses ursprünglich für die Feldproduktion aufgestellte Gesetz das gesamte ökonomische Leben beherrsche: „We have already gone far enough to get a view of one very general law... Classical studies afforded a glimpse of the working of it, within a very limited field, by their study of the so-called diminishing returns from agriculture. ... Modern studies of value afford a glimpse of the action of this principle in a wholly different sphere. They show that doses of consumers' goods, given in a series to the same persons, have less and less utility per dose. The final utility theory of value rests on the same principle as does the theory of diminishing returns from agriculture; and this principle has a far wider range of new applications. One law, therefore, governs economic life, and theories old and new contain partial expressions of it[47]."

---

[47] Clark [Distribution] 208. Vgl. die Kritik bei Diehl [Ertragsgesetz] insbesondere 24.

Schlußwort

Für die Untersuchung war Datum, daß der S-förmige Ausbringungsverlauf des Ertragsgesetzes zumindest dann zustande kommt, wenn auf konstanter Bodenfläche ein anderes, an der landwirtschaftlichen Feldproduktion mitwirkendes Einsatzgut in zunehmendem Umfange alternativ eingesetzt wird. Diese Grundfassung des Bodenertragsgesetzes hat eine gewisse Bestätigung gefunden, sie kann jedoch nicht als Gesetzmäßigkeit bezeichnet werden.

Der Versuch, diesen engen Aussagebereich durch die Veränderung der Voraussetzungen zu erweitern, ohne daß eine Durchbrechung des behaupteten S-förmigen Ausbringungsverlaufes denkbar wird, führte zu dem Ergebnis, daß die Grundfassung nur in geringfügiger Weise abwandelbar ist. Es besteht unter dieser Bedingung im wesentlichen nur die Möglichkeit, dem unmittelbar variierten Einsatz anstelle eines einzelnen Einsatzgutes eine Gruppe starr komplementärer Einsatzgüter zugrunde zu legen. Konstante Einsatzgütergruppe muß in jedem Falle der bestellte Boden bleiben, dessen Konstanz eine Bereitstellungskonstanz, nicht aber eine Einsatzkonstanz ist.

Die aus dem Bodenertragsgesetz engerer Fassung durch Inversion gewonnene fragezeichenförmige Kostenkurve muß auf denselben, engen Aussagebereich bezogen werden, da sie sich ausschließlich aus der konträren Betrachtungsrichtung des unveränderten Beziehungszusammenhanges herleitet. Die Behauptung kann nur für die Kosten des unmittelbar variierten Einsatzes aufgestellt werden und läßt sich in aller Regel nicht zu einer Aussage über die Gesamtkosten der alternativen Ausbringungsmengen erweitern.

Die allgemein durchgeführten Übertragungen des Bodenertragsgesetzes auf die industrielle Produktion und die Verallgemeinerungen des Bodenertragsgesetzes sind erkenntnistheoretisch nicht haltbar, da die für den Ausbringungsverlauf der Feldproduktion bestimmenden Merkmale des pflanzenphysiologischen Anpassungsvorganges unerforscht sind. Selbst wenn es je gelingen sollte, diese Merkmale zu erfassen und eine triftige Übertragung des Bodenertragsgesetzes auf die Industrie vorzunehmen, wäre für eine globale Aussage über die Ausbringungs- und Kostenveränderung der industriellen Produktion nur wenig gewonnen. Die zu beachtenden vielfältigen Einsatzbedingungen, die eine sinnvolle Anwendung des Ertragsgesetzes und der ertragsgesetzlichen Kostenaussage im Rahmen der landwirtschaftlichen Feldproduktion auf einfachste Verhältnisse begrenzen, müßten in gleicher Weise auch die Anwendungsmöglichkeit im Rahmen der industriellen Produktion einengen.

Die mit der vorliegenden Untersuchung determinierte engere Fassung des Bodenertragsgesetzes ist gleichzeitig auch die weiteste Fassung, die dem mikroskopisch-statischen, durch einen S-förmigen Kurvenzug gekennzeichneten Ertragsgesetz überhaupt gegeben werden kann, wenn keine Veranlassung zu der Annahme bestehen soll, daß der Bestätigungsgrad dieses Ertragsgesetzes geringer sein wird als der ohnehin schon geringe Bestätigungsgrad der Grundfassung. Das gleiche gilt für die aus dem Bodenertragsgesetz engerer Fassung abgeleitete Kostenaussage, die als Kostenaussage engerer Fassung bezeichnet wurde.

Für streng logische Fassungen des Ertragsgesetzes, die den Beziehungszusammenhang mikroskopisch-statisch formulieren und einen S-förmigen Ausbringungsverlauf behaupten, hat das Ergebnis dieser Untersuchung dann Bedeutung, wenn die Verifizierbarkeit und Brauchbarkeit derartiger Fassungen beurteilt werden soll. Verifizierbar kann ein exaktes Ertragsgesetz nur dann sein, wenn der Bedingungskomplex, aus dem ein S-förmiger Ausbringungsverlauf logisch zwingend ableitbar ist, die Einsatzbedingungen einschließt, die den behaupteten Ausbringungsverlauf bestimmen. Jede logisch zwingende Fassung des Ertragsgesetzes, die diese Einsatzbedingungen nicht enthält, kann demzufolge auch nicht als verifizierbar angesehen werden. Da gezeigt werden konnte, daß die für den Ausbringungsverlauf bestimmenden Bedingungen bisher nicht erforscht worden sind, muß es als höchst unwahrscheinlich angesehen werden, daß sich beim gegenwärtigen Stand der Forschung ein exaktes Ertragsgesetz in einer verifizierbaren Fassung überhaupt aufstellen läßt. Die wenigen Fälle, in denen ein S-förmiger Ausbringungsverlauf in der Realität nachgewiesen werden konnte, lassen es darüber hinaus zweifelhaft erscheinen, ob sich selbst ein verifizierbares, streng logisches Ertragsgesetz für die Beschreibung und Erklärung der Realität im Rahmen der Wirtschaftswissenschaft als brauchbar erweisen kann.

Quellennachweis und Literaturverzeichnis

Alemann, Juan Ernesto:
Zur Kritik der modernen Grenzproduktivitätstheorie.
Eine Untersuchung über die Funktion und Bedeutung des Ertragsgesetzes für die Bestimmung der Nachfrage nach Produktionsmitteln. Dissertation Bern 1951.

Allen, R. G. D.:
[Mathematik] Mathematik für Volks- und Betriebswirte. Eine Einführung in die mathematische Behandlung der Wirtschaftstheorie. Aus dem Englischen übersetzt von Erich Kosiol (Originalausgabe: Mathematical Analysis for Economists, London 1950). Berlin 1956.

Arndt, Helmut:
Anpassung und Gleichgewicht am Markt. 1. Teil Die vollkommene Elementarkonkurrenz, Vorbemerkung. Jahrbücher für Nationalökonomie und Statistik (170) 1958, S. 243 f.

Atanasiu, N.:
Das Ertragsgesetz. Theoretische und experimentelle Betrachtungen. Statistische Vierteljahresschrift (10) 1957, S. 72—78.

Atanasiu, N. und H. *Thiele:*
Das Ertragsgesetz bei Steigerung mehrerer Faktoren. Zeitschrift für Acker- und Pflanzenbau (105) 1958, S. 241—257.

Becker, Heinz:
Kurzfristige Anpassung in der neueren Produktionstheorie. Dissertation Köln 1953.

Black, Hans:
[Gesetz] Das Gesetz des abnehmenden Bodenertrags bis John Stuart Mill. Annalen des Deutschen Reichs für Gesetzgebung, Verwaltung und Volkswirtschaft 1904, S. 146—217.

Blaschka, Bruno:
Produktionstechnische Anpassungsformen. Dissertation Mannheim 1955.
[Produktionsfunktion] Betrachtungen zur industriellen Produktionsfunktion. Zeitschrift für Betriebswirtschaft (27) 1957, S. 436—447.

Boguslawski, E. v.:
Zur Entwicklung der Problematik des Ertragsgesetzes. Statistische Vierteljahresschrift (10) 1957, S. 48—71.
[Ertragsgesetz] Das Ertragsgesetz. Handbuch der Pflanzenphysiologie. 4. Bd. Die mineralische Ernährung der Pflanze. Berlin-Göttingen-Heidelberg 1958, S. 943—976.

Brandt, Karl:
Zur theoretischen Begründung linearer Kosten und ihrer Wirkungen. In: Festschrift zum 70. Geburtstag von Walter G. Waffenschmidt. Meisenheim am Glan 1958, S. 55—98.

Brems, Hans:
A Discontinous Cost Function. The American Economic Review (17) 1952, S. 577—586.

Brentano, Lujo:
[Agrarpolitik] Agrarpolitik. Stuttgart und Berlin 1925.
Carell, Erich:
[Kostentheorie] Kostentheorie und Ertragsgesetz. Zeitschrift für Nationalökonomie (12) 1949, S. 395—417.
Carver, Thomas Nixon:
[Economy] Principles of National Economy. Boston-New York 1921.
[Wealth] The Distribution of Wealth. New York-London 1932.
Clapham, J. H.:
Of Empty Economic Boxes. The Economic Journal (32) 1922, S. 305—314.
The Economic Boxes: A Rejoinder. The Economic Journal (32) 1922, S. 560 bis 563.
Clark, John Bates:
[Distribution] Distribution of Wealth. New York-London 1899.
Diehl, Karl:
[Ertragsgesetz] Gibt es ein allgemeines Ertragsgesetz für alle Gebiete des Wirtschaftslebens? Jahrbücher für Nationalökonomie und Statistik (120) 1923 I, S. 1—32.
Dürr, Karl:
Versuch einer „allgemeinen" Theorie des Bodenertrages. Zeitschrift für die gesamte Staatswissenschaft (109) 1953, S. 140—151.
Edgeworth, F. Y.:
[Economy] Papers relating to Political Economy. Vol. 1, London 1925.
Eick, Jürgen:
[Ertragsgesetz] Das Ertragsgesetz. Schmollers Jahrbuch (69 I) 1949, S. 45—87.
Esslen, Joseph:
[Gesetz seit Liebig] Das Gesetz des abnehmenden Bodenertrages seit Justus von Liebig. Eine dogmengeschichtliche Untersuchung. München 1905.
[Gesetz, landwirtschaftlich] Das Gesetz des abnehmenden Bodenertrages im landwirtschaftlichen Betrieb. Archiv für Sozialwissenschaft und Sozialpolitik (30) 1910, S. 333—380 und S. 721—747.
[Gesetz] Das Gesetz des abnehmenden Bodenertrages. Positive Darstellung. Archiv für Sozialwissenschaft und Sozialpolitik (32) 1911, S. 378—432.
Gälweiler, Alois:
[Produktionskosten] Produktionskosten und Produktionsgeschwindigkeit. Wiesbaden 1960.
Grochla, Erwin:
[Materialwirtschaft] Materialwirtschaft. Wiesbaden 1958 (Die Wirtschaftswissenschaften Reihe A Nr. 11).
Groterath, Willi:
Kostentheorie und Kostenelastizität. Dissertation Köln 1957.
Gutenberg, Erich:
[Betriebswirtschaftslehre] Grundlagen der Betriebswirtschaftslehre. 1. Bd. Die Produktion, 5. Aufl. Berlin-Göttingen-Heidelberg 1960.
[Kostenkurven] Über den Verlauf von Kostenkurven und seine Begründung. Zeitschrift für handelswissenschaftliche Forschung (NF 5) 1953, S. 1—35.
Zum „Methodenstreit". Zeitschrift für handelswissenschaftliche Forschung (NF 5) 1953, S. 327—355.
Offene Fragen der Produktions- und Kostentheorie. Zeitschrift für handelswissenschaftliche Forschung (NF 8) 1956, S. 429—449.
Haas, Gerhard:
Ursachen, Möglichkeiten und Grenzen des linearen Kostenverlaufes. Die Wirtschaftsprüfung (5) 1952, S. 97—100.

Haller, Heinz:

[Typus] Typus und Gesetz in der Nationalökonomie. Versuch zur Klärung einiger Methodenfragen der Wirtschaftswissenschaften. Stuttgart und Köln 1950.

Der symmetrische Aufbau der Kostentheorie. Zeitschrift für die gesamte Staatswissenschaft (105) 1949, S. 429—448.

Kostentheorie und Kostenrechnung. Zeitschrift für die gesamte Staatswissenschaft (106) 1950, S. 492—511.

[Indifferenzlinien] Indifferenzlinien, Komplementarität und Substituierbarkeit. Zeitschrift für die gesamte Staatswissenschaft (109) 1953, S. 115—139.

Harrod, R. F.:

The Law of Decreasing Costs. The Economic Journal (41) 1931, S. 566—576.

Hartmann, Nicolai:

[Denken] Teleologisches Denken. Berlin 1951.

Heimann, Eduard:

[Geschichte] Geschichte der volkswirtschaftlichen Lehrmeinungen. Eine Einführung in die nationalökonomische Theorie. Aus dem Amerikanischen übersetzt von Stephan Skalweit (Originalausgabe: History of Economic Doctrines. An Introduction to Economic Theory, London—New York—Toronto 1945). Frankfurt am Main 1949.

Heinen, Edmund:

Betriebswirtschaftliche Kostenlehre. Bd. 1 Grundlagen. Wiesbaden 1959.

Henzel, Fritz:

[Disponent] Der Unternehmer als Disponent seiner Kosten. Zeitschrift für Betriebswirtschaft (13) 1936, S. 139—167.

Herrmann, Karl:

[Ertragsgesetz] Zur Interpretation des Ertragsgesetzes. Zeitschrift für Betriebswirtschaft (28) 1958, S. 409—419 und S. 485—499.

Jacob, Herbert:

[Diskussion] Zur neueren Diskussion um das Ertragsgesetz. Zeitschrift für handelswissenschaftliche Forschung (NF 9) 1957, S. 598—618.

[Ertragsgesetz] Das Ertragsgesetz in der industriellen Produktion. Zeitschrift für Betriebswirtschaft (30) 1960, S. 455—469.

Joseph, M. F. W.:

A Discontinuous Cost Curve and the Tendency to Increasing Returns. The Economic Journal (43) 1933, S. 390—398.

Juhos, Béla:

[Analogieschlüsse] Über Analogieschlüsse. Studium Generale (9) 1956, S. 126 bis 129.

Kade, Gerhard:

Die logischen Grundlagen der mathematischen Wirtschaftstheorie als Methodenproblem der theoretischen Ökonomik. Berlin 1958.

Kämmerer, Wilhelm-Andreas:

Die kostentheoretischen Zusammenhänge zwischen Beschäftigungs- und Betriebsgrößenänderungen in Produktionsbetrieben. Dissertation Frankfurt/Main 1955.

Kartaun, Joseph:

Die Beziehungen zwischen den Produktionsfunktionen und den Sollkostenfunktionen unter besonderer Berücksichtigung der Zeit. Dissertation Köln 1958.

Kasten, Hans:

Faktorelastizität und Beschäftigungsverlauf. Berlin 1959.

Kilger, Wolfgang:

[Produktionstheorie] Produktions- und Kostentheorie. Wiesbaden 1958 (Die Wirtschaftswissenschaften Reihe A Nr. 13).

Die Produktions- und Kostentheorie als theoretische Grundlage der Kostenrechnung. Zeitschrift für handelswissenschaftliche Forschung (NF 10) 1958, S. 553—564.

Kläb, Paula:

[Gesetz] Zum Gesetz vom abnehmenden Bodenertrag. Weltwirtschaftliches Archiv (42) 1935 II, S. 248—294.

Kloidt, Heinrich:

[Betriebsprozeß] Betriebsprozeß. Handwörterbuch der Betriebswirtschaft, 3. Aufl. 1. Bd. Stuttgart 1956, Sp. 824—828.

Koch, Helmut:

[Gültigkeitsbereich] Untersuchungen über den Gültigkeitsbereich des Gesetzes vom abnehmenden Ertragszuwachs. Zeitschrift für die gesamte Staatswissenschaft (106) 1950, S. 309—323.

Kosiol, Erich:

[Bilanzreform] Bilanzreform und Einheitsbilanz. Grundlegende Studien zu den Möglichkeiten einer Rationalisierung der periodischen Erfolgsrechnung. 2. Aufl. Berlin-Stuttgart 1949.

[Anlagenrechnung] Anlagenrechnung. Theorie und Praxis der Abschreibungen. Wiesbaden 1955.

[Leistungen] Verrechnung innerbetrieblicher Leistungen. 2. Aufl. Wiesbaden 1959.

[Kostenbegriff] Kritische Analyse der Wesensmerkmale des Kostenbegriffes. In: Betriebsökonomisierung durch Kostenanalyse, Absatzrationalisierung und Nachwuchserziehung. Festschrift für Rudolf Seyffert zu seinem 65. Geburtstag. Köln und Opladen 1958.

[Kostenrechnung] Kostenrechnung und Betriebsbuchhaltung. Handbuch der Wirtschaftswissenschaften, 1. Bd. Betriebswirtschaft, Köln und Opladen 1958, S. 627—728.

[Kostenlehre] Kostenlehre. Dr. Gablers Wirtschafts-Lexikon, 4. Aufl. 1. Bd. Wiesbaden 1960, Sp. 2015—2019.

[Kostenauflösung] Kostenauflösung und Proportionaler Satz. Zeitschrift für handelswissenschaftliche Forschung (21) 1927, S. 345—358.

[Werdegang] Werdegang und Wesen der Betriebswirtschaftslehre und ihr Verhältnis zu den Nachbarwissenschaften und zur Wirtschaftspraxis. Die Betriebswirtschaft, Zeitschrift für Handelswissenschaft und Handelspraxis (33) 1940, S. 97—103.

Kruse, Alfred:

[Geschichte] Geschichte der volkswirtschaftlichen Theorien. 4. Aufl. Berlin 1959.

Kühn, Ulrich:

[Kostenverlauf] Betrachtungen zur Theorie des Kostenverlaufs und des Ertragsgesetzes. Betriebswirtschaftliche Forschung und Praxis (8) 1956, S. 389—413.

Laßmann, Gert:

[Produktionsfunktion] Die Produktionsfunktion und ihre Bedeutung für die betriebswirtschaftliche Kostentheorie. Köln und Opladen 1958.

Lehmann, M. R.:

[Abhängigkeit] Grundsätzliche Bemerkungen zur Frage der Abhängigkeit der Kosten vom Beschäftigungsgrad. Betriebswirtschaftliche Rundschau (3) 1926, S. 145—155.

Liefmann, Robert:
Zur Diskussion über die Kosten- und Ertragstheorie. Zeitschrift für Natio-nationalökonomie (3) 1932, S. 368—383.
Littmann, Eberhard:
[Körperschaftssteuern] Sind Körperschaftssteuern Kosten? Die Wirtschaftsprüfung (7) 1954, S. 538—539.
Mannstaedt, H.:
[Gesetz] Das Gesetz des abnehmenden Ertrages in der Landwirtschaft und das des zunehmenden Ertrages im Gewerbe. Zeitschrift für Socialwissenschaft (NF 4) 1913, S. 408—418.
Marquardt, Arthur:
Das Ertragsgesetz und die Betriebswirtschaftslehre. Landwirtschaftliche Jahrbücher (92) 1943, S. 659—693.
Marshall, Alfred:
[Economics] Principles of Economics. Vol. 1, 5. ed. London 1907.
Mayer, Hans:
Produktion. Handwörterbuch der Staatswissenschaften, 4. Aufl. 6. Bd. Jena 1925, S. 1108—1122.
Mehner, Otto:
Das Indifferenzliniensystem in der Theorie der Produktion. Dissertation Mannheim 1956.
Mellerowicz, Konrad:
[Kosten] Kosten und Kostenrechnung. 1. Bd. Theorie der Kosten. 3. Aufl. Berlin 1957.
Eine neue Richtung in der Betriebswirtschaftslehre? Eine Betrachtung zu dem Buch von E. Gutenberg: „Grundlagen der Betriebswirtschaftslehre" — I. Band: Die Produktion. Zeitschrift für Betriebswirtschaft (22) 1952, S. 145—161.
Betriebswirtschaftslehre am Scheidewege? Zeitschrift für Betriebswirtschaft (23) 1953, S. 265—276.
[Kostenkurven] Kostenkurven und Ertragsgesetz. Zu Gutenbergs These über den Verlauf von Kostenkurven. Zeitschrift für Betriebswirtschaft (23) 1953, S. 329—346.
Idealtypische und realtypische Betrachtungsweise in der Betriebswirtschaftslehre. Zugleich eine Ergänzung des Aufsatzes: Kostenkurven und Ertragsgesetz. Zeitschrift für Betriebswirtschaft (23) 1953, S. 553—567.
Menger, Carl:
[Methode] Untersuchungen über die Methode der Socialwissenschaften und der Politischen Oekonomie insbesondere. Leipzig 1883.
Menger, Karl:
[Ertragsgesetze] Bemerkungen zu den Ertragsgesetzen. Zeitschrift für Nationalökonomie (7) 1936, S. 25—56.
Weitere Bemerkungen zu den Ertragsgesetzen. Zeitschrift für Nationalökonomie (7) 1936, S. 388—397.
Meyer, Arnold:
Das Ertragsgesetz in der Industrie. Bern 1951.
Mitscherlich, Eilhard Alfred:
Das Gesetz des Minimums und das Gesetz des abnehmenden Bodenertrages. Landwirtschaftliche Jahrbücher (38) 1909, S. 537—552.
[Ertragsgesetze] Die Ertragsgesetze. Deutsche Akademie der Wissenschaften zu Berlin, Vorträge und Schriften. Heft 31, Berlin 1948.

Das Gesetz vom abnehmenden Bodenertrage und was darunter zu verstehen ist. Deutsche Akademie der Wissenschaften zu Berlin, Vorträge und Schriften. Heft 43, Berlin 1952.

Möhrle:

[Buchbesprechung] Buchbesprechungsaufsatz zu Gutenberg, Erich: Grundlagen der Betriebswirtschaftslehre. Die Wirtschaftsprüfung (10) 1957, S. 315 bis 317.

Moll, Josef:

Kosten-Kategorien und Kosten-Gesetz. Stuttgart 1934.

Morgenstern, Oskar:

[Probleme] Offene Probleme der Kosten- und Ertragstheorie. Zeitschrift für Nationalökonomie (2) 1931, S. 481—522.

Müller, Heinz J.:

Der technische und monetäre Kostenbegriff. Zeitschrift für die gesamte Staatswissenschaft (106) 1950, S. 298—309.

[Ertragsgesetz] Zur ökonomischen Problematik des Ertragsgesetzes. Zeitschrift für die gesamte Staatswissenschaft (111) 1955, S. 71—79.

Navratil, A. v: Die richtige Deutung der Ertragsgesetze. Jahrbücher für Nationalökonomie und Statistik (144) 1936, S. 257—273.

Neißer, Hans:

Das Gesetz vom abnehmenden Bodenertrag und die wirtschaftliche Entwicklung. Archiv für Sozialwissenschaft und Sozialpolitik (49) 1922, S. 421—466.

Nürck, R.:

Die Gesamtkostenfunktion. Betriebswirtschaftliche Forschung und Praxis (9) 1957, S. 442—446.

Paulsen, Andreas:

[Volkswirtschaftslehre] Allgemeine Volkswirtschaftslehre. Bd. 3 Produktionsfaktoren. Berlin 1959.

Peter, Hans:

Volks- und betriebswirtschaftliche Kostentheorie. Jahrbücher für Nationalökonomie und Statistik (165) 1953, S. 71—80.

Pigou, A. C.:

Empty Economic Boxes: A Reply. The Economic Journal (32) 1922, S. 458 bis 465.

The Laws of Diminishing and Increasing Cost. The Economic Journal (37) 1927, S. 188—197.

Rippel, August:

[Ertragsgesetz] Das Ertragsgesetz. Handbuch der Pflanzenernährung und Düngerlehre, 1. Bd. Pflanzenernährung. Berlin 1931, S. 602—622.

Ritschl, Hans:

Theoretische Volkswirtschaftslehre. 1. Bd. Grundlagen und Ordnungen der Volkswirtschaft. Tübingen 1947.

Robbins, Lionel:

Remarks upon Certain Aspects of the Theory of Costs. The Economic Journal (44) 1934, S. 1—18.

Robertson, D. H.:

Those Empty Boxes. The Economic Journal (34) 1924, S. 16—31.

Robertson, D. H., G. F. *Shove,* Piero *Sraffa:*

Increasing Returns and the Representative Firm: a Symposium. The Economic Journal (40) 1930, S. 79—116.

Rudolph, Herbert:
Die Kostenabhängigkeit vom Produktionsumfang in der Kostenanalyse und das Ertragsgesetz. Betriebswirtschaftliche Forschung und Praxis (8) 1956, S. 676—696.

Schams, Ewald:
Konstanz und Variabilität ökonomischer Größenbeziehungen. Weltwirtschaftliches Archiv (31) 1930 I, S. 393—423.

Schiff, Erich:
Ertragsgesetz und industrielle Kostenverrechnung. Zeitschrift für Nationalökonomie (2) 1931, S. 418—428.

Schlesinger, K.:
Ein Beitrag zu Mengers „Bemerkungen zu den Ertragsgesetzen". Zeitschrift für Nationalökonomie (7) 1936, S. 398—400.

Schmalenbach, Eugen:
[Selbstkostenrechnung] Selbstkostenrechnung und Preispolitik. 6. Aufl. Leipzig 1934.

Schmidt, Detlef:
Das Quantenproblem in der Produktionswirtschaft. Zeitschrift für die gesamte Staatswissenschaft (109) 1953, S. 645—664.

Schmidt, Karl:
Der Beitrag der Volkswirtschaftslehre zur Entwicklung der Kostentheorie. Dissertation Köln 1940.

Schmidt-Kraepelin, Erich:
[Produktionsmodell] Untersuchungen zur Konstituierung des Produktionsmodells in der Landwirtschaft. Dissertation Mannheim 1956.

Schneider, Erich:
[Produktion] Theorie der Produktion. Wien 1934.
[Wirtschaftstheorie] Einführung in die Wirtschaftstheorie. 2. Teil Wirtschaftspläne und wirtschaftliches Gleichgewicht in der Verkehrswirtschaft. 4. Aufl. Tübingen 1956.
[Wirtschaftstheorie (5)] Einführung in die Wirtschaftstheorie. 2. Teil Wirtschaftspläne und wirtschaftliches Gleichgewicht in der Verkehrswirtschaft. 5. Aufl. Tübingen 1958.
Das Zeitmoment in der Theorie der Produktion. Jahrbücher für Nationalökonomie und Statistik (142) 1935, S. 271—281, (143) 1936, S. 45—67, (144) 1936, S. 129—151.
[Feste Kosten] Problematik der Lehre von den festen Kosten. Weltwirtschaftliches Archiv (60) 1944 II, S. 300—328.
[Betriebswirtschaftslehre] Grundlagen der Betriebswirtschaftslehre. Weltwirtschaftliches Archiv (70) 1953 I, S. 79—94.

Schnettler, Albert:
Kostenverlauf und Ertragsentwicklung bei schwankender Beschäftigung. Zeitschrift für handelswissenschaftliche Forschung (NF 6) 1954, S. 361 bis 374.

Schüler, Hans Hermann:
Kostenbegriff und „Ertrags"-Gesetze, ihre Entwicklung und Zusammengehörigkeit im Rahmen der Ertragslehre. Dissertation Berlin 1932.

Schumpeter, Joseph:
[Rentenprinzip] Das Rentenprinzip in der Verteilungslehre. Jahrbuch für Gesetzgebung, Verwaltung und Volkswirtschaft im Deutschen Reich (31) 1907, S. 31—65 und S. 591—634.

Simon, Fritz:
Das Gesetz des abnehmenden Bodenertrages. Dissertation Bern 1938.

Sraffa, Piero:

[Relazioni] Sulle relazioni fra costo e quantità Prodotta. Annali di Economia (2) 1925/26, S. 277—328.

The Laws of Returns under Competitive Conditions. The Economic Journal (36) 1926, S. 535—550.

Stachowiak, Herbert:

Über kausale, konditionale und strukturelle Erklärungsmodelle. Philosophia naturalis (4) 1957, S. 403—433.

Stackelberg, Heinrich v.:

[Kostentheorie] Grundlagen einer reinen Kostentheorie. Wien 1932.

[Volkswirtschaftslehre] Grundlagen der theoretischen Volkswirtschaftslehre. 2. Aufl. Bern und Tübingen 1951.

Stigler, George J.:

[Price] The Theory of Price. New York 1949.

Sweezy, Alan R.:

Theoretische und statistische Kostenkurven. Zeitschrift für Nationalökonomie (4) 1933, S. 515—520.

Thünen, Johann Heinrich v.:

Der isolierte Staat in Beziehung auf Landwirtschaft und Nationalökonomie. 2. Teil Der naturgemäße Arbeitslohn und dessen Verhältnis zum Zinsfuß und zur Landrente. Rostock 1850 (Nachdruck Jena 1910).

Turgot, Anne Robert Jacques:

[Observations] Observations sur le mémoire de M. de Saint-Péravy. Oeuvres de Turgot. (Daire) 1. Bd. Paris 1844, S. 418—433.

Vogelstein, Theodor:

[Ertragsgesetz] Das Ertragsgesetz der Industrie. Archiv für Sozialwissenschaft und Sozialpolitik (34) 1912, S. 778—793.

de Vries, O.:

[Ertragskurven] Ertragskurven, Ertragsgesetze und die Bedeutung der gegenseitigen Beeinflussung der Wachstumsfaktoren. Bodenkunde und Pflanzenernährung (14/59) 1939, S. 1—10.

Waffenschmidt, Walter:

Betriebswirtschaftslehre am Scheideweg? Zeitschrift für Betriebswirtschaft (22) 1952, S. 317—324.

[Kostenkurven] Zu Gutenbergs Untersuchung: Über den Verlauf von Kostenkurven und seine Begründung. Zeitschrift für handelswissenschaftliche Forschung (NF 5) 1953, S. 271—285.

Die Gestaltung des Wirklichen in der Betriebswirtschaftslehre. Zeitschrift für Betriebswirtschaft (23) 1953, S. 698—712.

Walther, Alfred:

[Wirtschaftslehre] Einführung in die Wirtschaftslehre der Unternehmung. 1. Bd. Der Betrieb. Zürich 1947.

Weddigen, Walter:

[Ertrag] Theorie des Ertrages. Jena 1927.

[Turgot] Anne Robert Jacques Turgot. Leben und Bedeutung des Finanzministers Ludwig XVI. Bamberg 1950.

Antikritik zur Ertragstheorie. Zeitschrift für Nationalökonomie (3) 1932, S. 262 bis 263.

[Ertragstheorie] Die Ertragstheorie in der Betriebswirtschaftslehre. Zeitschrift für Betriebswirtschaft (30) 1960, S. 1—14 und S. 65—84.

Weiß, F. X.:

[Ertrag] Abnehmender Ertrag. Handwörterbuch der Staatswissenschaften, 4. Aufl. 1. Bd. Jena 1923, S. 11—18.

Weller, Thorismund:
Errechnung der Minimalkostenkombination als Grundlage für unternehmerische Entscheidungen. Zeitschrift für Betriebswirtschaft (27) 1957, S. 172 bis 185.
Wöhe, Günter:
[Grundprobleme] Methodologische Grundprobleme der Betriebswirtschaftslehre. Meisenheim am Glan 1959.
Wolfe, Albert Benedict:
Arten und Erscheinungsformen von Kosten und Erträgen. Weltwirtschaftliches Archiv (40) 1934 II, S. 225—269.
Wilbrandt, R.:
Theorie der Produktion. In: Die Wirtschaftstheorie der Gegenwart. 2. Bd. Wert, Preis, Produktion, Geld und Kredit. Wien 1932, S. 240—257.
Wundt, Wilhelm:
[Logik] Logik. 1. Bd. Allgemeine Logik und Erkenntnistheorie. 3. Aufl. Stuttgart 1906.
Zoll, Walter:
Das Kostenproblem in der Wirtschaftstheorie. Dissertation Würzburg 1936.
Zwiedineck-Südenhorst, Otto v.:
[Volkswirtschaftslehre] Allgemeine Volkswirtschaftslehre. 1. Aufl. Berlin 1932.

Summary

A

In the relevant literature there is general agreement that the S-shaped return curve and the derived cost curve, in the form of an S in reverse, can be founded on the law of returns from agriculture and that this law applies, at least when a single effective i. e. return-activating input commodity is used alternatively in successively increasing amounts for a given piece of land. There are, however, diverging conceptions as to the possible interpretation of this statement and as to the possibilities of extending the restricted range of this microscopic-static law of returns.

In the present paper, the cost statement represented by a curve in the form of an S in reverse and obeying the law of returns, is investigated in the light of this particular question which has until now received scant attention and which opens up new perspectives and makes it possible to settle essential points in questions which are still under dispute. Datum for this investigation is that the S-shaped return curve arises under the extreme elementary conditions of field production which have been described and for which it has also to some extent been confirmed. An answer is given to the question which immediate prerequisites are coupled with this basic version of the law of returns from agriculture and what changes can be made in these prerequisites without thereby admitting the possibility of changing the form of the asserted S-shaped return curve and the derived cost curve in the from of an S in reverse.

The basis of the analysis is hence the basic version of the empirical microscopic-static law of returns from agriculture the extension of which is limited to those versions for which the degree of confirmation in the domain of reality does not have to be estimated as being lower than the degree of confirmation which would be obtained for the basic version. As the law of returns from agriculture, if it is to be valid at all, must at least be capable of confirmation in the basic version, the version of the law of returns from agriculture taken as the basis of the investigation is the one offering the highest degree of confirmation possible under the given conditions.

The first part of the investigation starts with the description of the return curve given by Turgot, to determine the content of the statement capable of varying interpretations under the limiting criterion already mentioned, and to examine the degree of confirmation of this statement in the domain of reality, as well as the validity of the widespread assertion that the law of returns is a logical one. The second section is concerned with the derivation of the cost statement, with the question of the total cost curve and with the problems connected with the variable costs of constant input commodities. In the third section the analogical conclusion usually put forward for the transference of the law of returns from agriculture to industrial production is subjected to a critical examination.

B

The results of the investigation are essentially the following:

(I) Not the land alone, but the cultivated land, which must in the main be free of active substances deriving from the immediately varied input, is to be treated as a constant input commodity. The condition applying to the land and the seed is simply the condition of constant preparation and not the condition of constant consumption. If the preparation of the land is constant the rate at which the land is used up varies for the alternating production processes with changes in the immediately varied input, for example with a change in the quantity of fertilizer. Letting a part of the land lie fallow is not permissible.

The immediately varied input may be one single input commodity, a group of rigidly complementary input commodities or an immediately effective, return-producing input commodity abstracted from a group of elastically complementary input commodities. Experiments in plant physiology are carried out along the latter lines, only the dependence of changes in the return on increases in the amount of fertilizer used being studied, the labour input being disregarded. Only purely quantitative variations are permissible in the input, and as these are subject to the condition of constant prices, they may be given numerical values.

The validity of the S-shaped return curve can only be asserted for changes in the harvestable quantity of a single product or of a group of products maintaining a constant quantitative relation to one another. The basis for describing changes in the return is the change in the immediately varied input alone and not the changes in the mediately varied consumption of the land potential. It is not possible to take into consideration the rate at which the land potential is used up. Even for the law of returns from agriculture in the basic version, for which the most favourable degree of confirmation can be expected, the S-shaped return curve has not been confirmed to a degree which justifies its status as a law. Nor can it be conclusively derived logically.

(II) The derivation of the cost statement depends on one hand on the varying interpretations of the inter-relations described by the law of returns from agriculture, alterations in the inter-relationship itself not being permissible, and on the other hand on the multiplication of the input quantities with constant prices. The derived cost statement, the degree of confirmation of which may not be estimated as lower than the degree of confirmation for the law of returns from agriculture in the basic version, can consequently only assert that the immediately varied costs follow a curve having the form of an S in reverse. The cost statement made by the law of returns cannot be extended to a total cost statement; even in this case it remains a statement of the partial costs. The costs arising from mediate variations in the consumption of the land potential in particular cannot be taken into consideration under the condition mentioned. Furthermore, it is not possible to extend the investigation to cover harvested or marketed products and the costs associated with them.

The conditon of the minimum cost combination, often made in deriving the cost statement, proved in the present connection to be either superfluous or disturbing, according to the relationship existing between the input commodities.

(III) The often-encountered application of the law of returns from agriculture to industrial production does not stand up to a critical study in the light of the theory of cognition. The analogical conclusion of a return curve for industrial production, corresponding to the return curve for field production, can only be regarded as justified if the common characteristics of both domains of production are intimately related to the return curves, and both domains do not differ in characteristics which can likewise be shown to be closely correlated with the return curves.

The characteristic of field production most closely correlated with the S-shaped return curve is the physiological adaptation process of plants, the counterparts of which in industry are adaptation processes of different kind. The decisive influence of the physiological adaptative process of plants on the return curve in field production certainly exists. However, this influence is of a complex nature and the way in which it operates has not yet been investigated. Hence there is no sound foundation for the widespread supposition that the physiological process of adaptation of plants in field production in its essential features corresponds to the technological, labour-physiological and psychological adaptation processes in industrial production and that this correspondence justifies the analogical conclusion. All other common characteristics of field production and industrial production are less closely related to the return curves and are so as a matter of course unsuitable for establishing the validity of the analogy.

All the relevant cases in literature on the subject, in which the law of returns from agriculture is transferred to industrial production or generalized to become a law valid for all types of production, suffer, without exception, from the fact that the correlation of the characteristics to the return curve is only a very loose one. This also applies to characteristics relevant to the capacity for adaptation, such as the elasticity of the conditions for production and the variability in the proportions of the input quantities. Common to these characteristics is the fact that they have been abstracted from the details of adaptation processes peculiar to field production and industrial production. This means that they only have the significance of a general concept embracing every type of adaptative capacity, and, as a consequence, are lacking in content — in just that content necessary for a valid analogy.

The only possibility of remedying this defect would be to successfully determine the part played by the hitherto uninvestigated characteristics essential to the return curve in field production, and to show that these characteristics are also typical of adaptative processes in industrial production and themselves determine the return curve in industrial production in the same way. Even then, it would still be necessary to prove that the other conditions to which the law of returns from agriculture is subject, and into the tranferability of which research has not yet been made, are capable of being transferred without any contradiction.

Even if it should be possible to make a valid application of the law of returns from agriculture to industry, little would be achieved towards obtaining an overall statement on return and cost changes in industrial production. The many input conditions to be observed limit with regard to agricultural field production the reasonable application of the law of returns and the derived cost statement to the most elementary conditions only; likewise, they ought to restrict the possibilities of application to industrial production.

C

The version of the law of returns from agriculture determined by this investigation and limited to agricultural field production, is the most comprehensive version which can be given to the empirical S-shaped microscopic-static law of returns, if there are to be no grounds for the assumption that the degree of confirmation will be still lower than the already very low degree of confirmation of the law in the basic version. This also applies to the derived cost statement.

The result of this investigation is significant for strictly logical versions of the law of returns, which likewise formulate the inter-relationships on a microscopic-static basis and assert the existence of an S-shaped return curve, if the verifiability and usefulness of such versions is to be judged. As it has been possible to show that the decisive conditions for the return curve have not yet been investigated, the possibility of actually establishing an exact law of returns in a verifiable form at the present stage of research must be considered as extremely remote. The few cases in which the existence of an S-shaped return curve could be proved in practice would, moreover, make it doubtful whether even a purely logical and verifiable law of returns can prove to be of use in describing and explaining realities within the scope of economics.

Veröffentlichungen des Instituts für Industrieforschung der Freien Universität Berlin

Herausgegeben von Professor Dr. Erich Kosiol

1. **Plankostenrechnung als Instrument moderner Unternehmungsführung.** Erhebungen und Studien zur grundsätzlichen Problematik. Hrsg. von Prof. Dr. *Erich Kosiol*. 2. Auflage. 353 S. 1960. Ln. DM 28,—

2. **Einkaufsplanung und Produktionsumfang.** Erhebungen und Studien zur Einkaufspolitik industrieller Unternehmungen. Von Prof. Dr. *E. Kosiol und Mitarbeitern*. 132 S. 1956. Ln. DM 18,—

3. **Grundlagen und Methoden der Organisationsforschung.** Mit internationaler Bibliographie. Von Prof. Dr. *Erich Kosiol*. 190 S. 1959. Ln. DM 24,80

4. **Organisation des Entscheidungsprozesses.** Hrsg. von Prof. Dr. *Erich Kosiol*. 221 S. 1959. Ln. DM 26,60

5. **Organisation der innerbetrieblichen Materialbewegung.** Von Dr. *Dieter Köhler*. 142 S., 1 Ausschlagtafel. 1959. Ln. DM 19,60

6. **Grundlagen und Formen der Entlohnung.** Von Dr. *Helmut Martens*. 128 S. 1958. Ln. DM 18,—

7. **Institut für Industrieforschung 1948—1958.** Zehn Jahre Forschung und Lehre. Von Prof. Dr. *Erich Kosiol*. 141 S., 5 Kunstdrucktafeln, 1 Klapptafel. 1959. Ln. DM 18,80

8. **Betriebsverband und Verbandbetrieb.** Wesen, Formen und Organisation der Verbände aus betriebswirtschaftlicher Sicht. Von Prof. Dr. *Erwin Grochla*. 338 S. 1959. Ln. DM 33,—

9. **Aufbauorganisation der industriellen Lagerwirtschaft.** Von Dr. *Jürgen Göldner*. 338 S. 1959. Ln. DM 36,60

10. **Freiwillige soziale Leistungen der industriellen Unternehmung.** Versuch einer Wesenserfassung und systematischen Ordnung. Von Dr. *Ulrich Pleiß*. 248 S. 1960. Ln. DM 29,60

11. **Untersuchungen zur Aufbauorganisation der Arbeitsvorbereitung und des Einkaufs industrieller Unternehmungen.** Von Prof. Dr. *Erich Kosiol und Mitarbeitern*. 170 S. 1960. Ln. DM 22,60

12. **Die Entwicklung der industriellen Kostenrechnung in Deutschland.** Von Dr *G. Dorn*. 232 S. 1961. Ln. DM 28,60

13. **Bürowirtschaftliche Forschung.** Hrsg. von Prof. Dr. *E. Kosiol*. 291 S. 1961. Ln. DM 36,60

14. **Bibliographie der Organisationsliteratur.** Hrsg. von Prof. Dr. *Erich Kosiol*. 184 S. In Vorbereitung.

D U N C K E R & H U M B L O T / B E R L I N